ESTIMAR CANÇÕES

Luiz Tatit

ESTIMAR CANÇÕES

ESTIMATIVAS ÍNTIMAS NA FORMAÇÃO DO SENTIDO

Ateliê Editorial

Copyright © 2016 by Luiz Tatit

Direitos reservados e protegidos pela Lei 9.610 de 19 de fevereiro de 1998. É proibida a reprodução total ou parcial sem autorização, por escrito, da editora.

Dados Internacionais de Catalogação na Publicação (CIP)
(Câmara Brasileira do Livro, SP, Brasil)

Tatit, Luiz
 Estimar Canções: Estimativas Íntimas na Formação do Sentido / Luiz Tatit. – Cotia, SP: Ateliê Editorial, 2016.

 ISBN: 978-85-7480-737-9
 Bibliografia.

 1. Canções e música 2. Música popular – Brasil – Letras 3. Semiótica I. Título.

16-04851   CDD-781.63014

 Índices para catálogo sistemático:

 1. Canções: Análise semiótica 781.63014

Direitos reservados à
ATELIÊ EDITORIAL
Estrada da Aldeia de Carapicuíba, 897
06709-300 – Granja Viana – Cotia – SP
Tels.: (11) 4612-9666 / 4702-5915
www.atelie.com.br / contato@atelie.com.br

2016

Printed in Brazil
Foi feito o depósito legal

*Este trabalho foi realizado com bolsa de Produtividade
em Pesquisa concedida pelo CNPq.*

SUMÁRIO

PRÓLOGO. 11

1. Quantificações Subjetivas: Crônicas e Críticas 23
2. Canção e Oscilações Tensivas. 45
3. Reciclagem de Falas e Musicalização 65
4. Quando a Música É "Excessiva" 85
5. O "Cálculo" Subjetivo dos Cancionistas 101
6. Ilusão Enunciativa na Canção 123
7. O Significado de Cantar na Enunciação Musical 139

EPÍLOGO 161
REFERÊNCIAS BIBLIOGRÁFICAS. 167
ÍNDICE ONOMÁSTICO 171

PRÓLOGO

O modo pelo qual construímos o sentido em nossas atividades psicossociais é o objeto de estudo da semiótica. Esse modo envolve, entre outras coisas, a propensão humana para dosar a relevância dos conteúdos tratados, estabelecendo limites, ultrapassagens, saturações, exorbitâncias, moderações, depreciações, extinções, recuperações etc., ou, em outras palavras, estimando os valores aproximados de tudo que ingressa no seu campo de presença. Por isso, "estimar" é ao mesmo tempo ter afeição e atribuir valor a alguém ou a algo. Podemos superestimar (estimar em demasia) alguém, mas podemos igualmente subestimar (ter alguém em pequena conta) ou até desestimar (menosprezar) esse mesmo alguém. Todas essas medidas interiorizadas são tão imprecisas quanto consensuais e necessárias quando se trata de satisfazer nossa avaliação íntima do mundo e de garantir nossos acordos sociais. Daí sua pertinência semiótica.

Verificamos, neste volume, como essas estimativas, esses cálculos subjetivos inerentes ao nosso convívio com as signi-

ESTIMAR CANÇÕES

ficações diárias, interferem na construção do modelo semiótico, especialmente no modelo narratológico, e nos próprios fenômenos de criação, entre os quais destacamos o ato de compor e interpretar canções. Seguindo os princípios que no nosso entender tipificam essa linguagem, os cancionistas estão sempre musicalizando seus achados orais, mas também oralizando, ou figurativizando, seus achados musicais e, ao mesmo tempo, euforizando com tematizações suas conquistas e passionalizando com percursos melódicos amplos e desacelerados seus sentimentos de falta. Essas gradações são cuidadosamente dosadas pelos artistas mesmo que não cheguem a ter consciência de que trabalham com recursos acima de tudo cancionais. Afinal, nós, os falantes, também dominamos perfeitamente nossa língua natural sem que tenhamos, na maioria das vezes, consciência de sua gramática.

A semiótica, no fundo, tenta desvendar essas gramáticas subjacentes às linguagens e às práticas cotidianas ou estéticas para melhor compreender as incansáveis operações humanas de construção do sentido. Dada a amplitude e complexidade dessa matéria, existem na semiótica diversas vertentes de pesquisa que, por sua vez, se subdividem em diferentes modelos de abordagem, cada qual redefinindo, conforme o avanço teórico obtido, os contornos do objeto de estudo. Esse modo de pensar já acusa a linha de base adotada por este trabalho, na medida em que deixa ecoar a máxima de Ferdinand de Saussure: "é o ponto de vista que cria o objeto"[1]. Mas nossas opções metodológicas são bem mais específicas por já contar com meio século de evolução da teoria de Algirdas Julien Greimas e com a providencial contribuição de Claude Zilberberg.

1. Ferdinand de Saussure, *Curso de Linguística Geral*, p. 15.

PRÓLOGO

ESCOLHA SEMIÓTICA

Entre os anos de 1966, data de publicação da obra *Sémantique Structurelle* (Greimas), e 1979, data de lançamento de *Sémiotique: Dictionnaire Raisonné de la Théorie du Langage* (Greimas & Courtés)[2], criou-se em Paris, em torno do linguista lituano A. J. Greimas, um vasto projeto de ciência que tinha como principal objetivo compreender a construção do sentido nos textos verbais e não-verbais. Nascia e se desenvolvia, então, o que, no futuro, seria chamado de semiótica narratológica ou, simplesmente, semiótica. Tinha um caráter logocêntrico e analítico, bastante influenciado pelo princípio saussuriano de *diferença* e pela noção hjelmsleviana de *dependência*, mas também um perfil mítico cujas bases paradigmáticas podiam ser encontradas em Claude Lévi-Strauss e, as sintagmáticas, em Vladimir Propp. Tudo isso fez com que essa semiótica de origem francesa fosse incluída na tradição estruturalista que tanto marcou as ciências humanas do século XX.

Até 1979, os estudos semióticos seguiram rigorosa programação temática estabelecida pelo Grupo de Pesquisas Sêmio-Linguísticas sob a liderança de Greimas. Após a publicação do famoso dicionário, as divergências teóricas internas, que vinham sendo diluídas em nome do projeto científico coletivo, manifestaram-se com tal intensidade que acabaram afetando, poucos anos depois, a homogeneidade conceitual do segundo volume da mesma obra[3].

2. É a versão brasileira desse dicionário (cf. Greimas & Courtés, *Dicionário de Semiótica*) que nos servirá de referência ao longo destes capítulos.

3. *Sémiotique: Dictionnaire Raisonné de la Théorie du Langage*, vol. 2, obra lançada em 1986, manteve a autoria honorífica de Greimas e Courtés, mas seus verbetes foram de fato redigidos por quarenta semioticistas que compunham o Grupo de Pesquisas Sêmio-Linguísticas. No prefácio do volume, Greimas chama a atenção dos leitores para as principais vertentes que se configuraram ao longo da preparação do novo dicionário.

13

ESTIMAR CANÇÕES

Os seminários de pesquisa mantinham sua continuidade, mas sem a confluência metodológica da fase inicial, já anunciando certo desmembramento epistemológico das linhas de investigação. Uma das vertentes que começou a tomar corpo nesse período, a partir de um exame meticuloso dos processos de modalização discursiva, foi concebida pelo autor francês Claude Zilberberg sob uma rubrica aparentemente contraditória: "gramática tensiva". O estudo sistemático e categorial previsto pelo primeiro termo parecia se desfazer nas flutuações pouco definidas do segundo[4]. Embora reconhecesse a ousadia da proposta, o autor francês sempre a defendeu como sendo um prolongamento natural das conquistas narratológicas obtidas na primeira fase. Em vez de assinalar uma eventual ruptura com o modelo já padronizado pela semiótica, preferia dizer que realizava um "progresso às avessas", ou seja, ia em busca de uma compreensão mais profunda dos pressupostos da própria teoria, seguindo o aforismo de Gaston Bachelard: "o depois explica o antes"[5].

Com exceção de um breve período no final dos anos 1990, em que contou com a colaboração direta do semioticista Jacques Fontanille[6], Zilberberg elaborou sua teoria como um pesquisador solitário e encontrou certa repercussão de suas ideias mais no continente americano que em seu próprio país. Neste momento, já temos 35 anos de elaboração dos princípios da teoria tensiva contra apenas catorze de construção da semiótica narratológica de base. Mas tivemos, por outro lado, de 1981 a 1991, um período

---

4. O marco inicial da semiótica tensiva pode ser fixado em 1981, quando C. Zilberberg publicou *Essai sur les Modalités Tensives*.

5. Claude Zilberberg, *Razão e Poética do Sentido*, p. 130.

6. Da qual resultou o volume *Tension et Signification* (1998), assinado por ambos. [Versão brasileira: Jacques Fontanille & Claude Zilberberg, *Tensão e Significação*, 2001].

PRÓLOGO

de convergência de ambas as perspectivas em torno do conceito de *foria* e na busca de um modelo descritivo que pudesse dar conta também dos conteúdos estéticos e passionais[7].

Claro que, ao lado das orientações greimasianas e dos estudos de Zilberberg, surgiram e prosperaram até o presente numerosas pesquisas sobre a construção do sentido que se tornaram importantes modelos semióticos, às vezes num plano eminentemente científico e metodológico, outras, num terreno psico ou sociossemiótico e ainda em áreas aplicativas, nas quais o conhecimento teórico depende também de um saber técnico sobre o objeto examinado (semiótica musical, arquitetônica, teatral, cinematográfica etc.). Tais desdobramentos, porém, não nos parecem apresentar o mesmo engenho encontrado nas propostas tensivas, em particular o de aliar ousadia teórica e fidelidade às origens linguísticas desse pensamento.

Assim, os capítulos que seguem terão como pano de fundo a semiótica de Greimas e, como opção epistemológica, o tratamento tensivo que lhe dispensou Zilberberg. Mas nosso foco é ainda mais delimitado. Extraímos do esquema geral do semioticista francês alguns recursos que explicam os graus de intensidade e abrangência investidos nas formações do conteúdo humano e examinamos sua participação quase imprescindível nas constru-

---

7. A noção de *foria* prevê um fluxo de natureza tensiva que ora se concentra, ora se expande, dependendo do grau de tonicidade e andamento a que está submetido. Identifica-se, muitas vezes, com a aspectualidade que preexiste ao plano narrativo. Esse conceito, que representa o principal elo entre a semiótica das paixões e a abordagem tensiva, esteve presente tanto nos textos seminais de Zilberberg, compilados no volume *Raison et Poétique du Sens* (1988), como nas obras *De L'Imperfection* (Greimas, 1987) e *Sémiotique des Passions* (Greimas & Fontanille, 1991). [Versões brasileiras respectivas: Zilberberg, *Razão e Poética do Sentido*; Greimas, *Da Imperfeição*; Greimas & Fontanille, *Semiótica das Paixões*.]

ESTIMAR CANÇÕES

ções e avaliações dos discursos verbais e não-verbais. Em outras palavras, demos destaque aos dispositivos de *aumento* e *diminuição* que normalmente recaem sobre as grandezas e qualificações operantes em nosso cotidiano. Queremos estudar os incrementos de *mais* ou de *menos* que se apresentam espontaneamente em nossos discursos e que impõem direções tensivas (ascendentes ou descendentes) à construção do sentido.

Preocupado com o lugar teórico desses elementos no âmbito do modelo tensivo, C. Zilberberg os insere no interior da "sintaxe intensiva", como se o aumento e a diminuição fossem prerrogativas apenas da intensidade. Para operar no campo da extensidade (concentração / difusão), o semioticista prefere os conceitos de *triagem* e *mistura* cuja interação pode explicar nossas tendências ora à seleção, à condensação ou à exclusão, ora à combinação, à expansão ou à miscigenação. No entanto, não é difícil constatar que a ação da triagem ou da mistura também pode ser tonificada ou atonizada. Quanto maior a concentração numa determinada grandeza, *mais* triagem e *menos* mistura manifestam-se no processo. Quanto maior a difusão de uma notícia, por exemplo, *mais* envolvimento e *menos* exclusividade dos meios de comunicação. A triagem da triagem é *mais* triagem, assim como a mistura da mistura é *mais* mistura. Os incrementos que articulam a sintaxe intensiva podem ser observados igualmente na sintaxe extensiva.

Como veremos, desde o capítulo inicial, essas quantificações não-numéricas constituem mais um achado de Zilberberg que talvez tenha um alcance teórico maior do que o previsto pelo próprio autor. Comentaremos aqui diversos textos em que essas medidas subjetivas estão implicadas, mas, como já foi dito, nos deteremos especialmente no mundo da canção, onde os artistas "temperam" suas

PRÓLOGO

criações com *mais* (ou *menos*) música, *mais* (ou *menos*) fala, *mais* (ou *menos*) celebração e *mais* (ou *menos*) desencontro afetivo. Desse tempero resultam os gêneros (bossa nova, rap, axé, samba-canção etc.) e principalmente os estilos pessoais de composição.

OS CAPÍTULOS

O primeiro capítulo, "Quantificações Subjetivas: Crônicas e Críticas", constata a presença de aumentos e diminuições não apenas no âmbito das figuras discursivas mas também nas evoluções narrativas previstas pela semiótica padrão. Assim como o sentimento de falta, a impressão de excesso também pode ser provocada por um antissujeito que, em ambos os casos, obriga o sujeito a responder com ações específicas: liquidar a falta ou conter o excesso. Tais ações, porém, supõem a mediação de um julgador que consegue calcular o "tamanho" dos aumentos e das diminuições e até estabelecer gradações entre o máximo e o mínimo (de algo), criando um sistema de quantificação subjetiva. Pequenos trechos de obras de reflexão ou mesmo de crônicas e críticas jornalísticas nos ajudam a mostrar como o sentido muitas vezes depende dessas dosagens avaliativas típicas do pensamento humano.

O diagrama dos processos ascendentes (ou de aumento) e descendentes (ou de diminuição) construído ao final desse capítulo é minuciosamente explorado no seguinte, "Canção e Oscilações Tensivas", quando examinamos, já no interior da linguagem cancional, a interação entre *força entoativa*, que dá expressão figurativa ao canto[8], e *forma musical*, que lhe garante a estabilidade

---

8. A expressão figurativa é criada por melodias que, no encontro com uma letra adequada, produzem efeitos de entoação da linguagem oral coexistindo com a linha do canto.

ESTIMAR CANÇÕES

sonora. O mesmo critério é utilizado para analisar os recursos *temáticos* e os recursos *passionais* normalmente empregados pelos compositores quando criam suas obras[9]. Verificamos que, em todos os casos, há uma tendência geral de se evitar os pontos extremos indicados no diagrama.

O terceiro capítulo, "Reciclagem de Falas e Musicalização", demonstra que, desde o surgimento da canção brasileira moderna, com a chegada ao país dos processos mecânicos de gravação bem como dos aparelhos e sinais radiofônicos, já se distinguiam duas aptidões no âmbito da canção: de um lado, os criadores da *força entoativa*, de outro, os estabilizadores da *forma musical*. Relembra que os primeiros compositores de sambas sabiam como ninguém reutilizar (reciclar) frases coloquiais descartadas – a sonoridade de tudo que pronunciamos no dia a dia tende de fato a desaparecer – na criação de canções, as quais, logo em seguida, seriam fixadas e enriquecidas por arranjadores (maestros, instrumentistas etc.) versados na linguagem musical. A atuação do compositor Paulo Vanzolini num programa televisivo é tomado como ilustração exemplar dessa passagem da fala ao canto musicalizado. Por fim, analisa-se também o processo inverso em que os contornos melódicos, ao se unirem aos segmentos verbais propostos pelo letrista, transformam-se em unidades entoativas que definem um modo de dizer expressivo e amenizam a abstração musical.

São essas unidades entoativas que garantem o estatuto figurativo da canção. Os processos musicais são decisivos para a estabilização melódica, mas podem adquirir um protagonismo de tal ordem que fazem desaparecer as funções prosódicas do canto

---

9. Luiz Tatit & Ivã Carlos Lopes, *Elos de Melodia e Letra*, pp. 17-23.

PRÓLOGO

e seus vínculos intrínsecos com a letra. Tal recrudescimento musical, quando exorbita, não favorece a linguagem da canção, já que, como vimos, em contraposição à forma musical que tende a regularizar a melodia no interior de seus compassos, há sempre uma força entoativa procedente da linguagem oral que exprime em suas curvas as intenções do enunciador. Quando a voz é tratada no universo da canção como um simples instrumento ao lado dos demais, pode-se falar então de excesso musical, matéria estudada no quarto capítulo deste livro: "Quando a Música É 'Excessiva'".

Dizemos, portanto, que há um esforço de comedimento em jogo toda vez que o cancionista estabelece relação entre melodia e letra. O uso de recursos musicais é essencial para a afinação das alturas, definição das durações rítmicas, configuração do gênero, do arranjo instrumental etc., mas se esses mesmos parâmetros tornam-se autossuficientes, perdendo seus elos com a letra e com as entoações da oralidade, a canção como tal se desfaz. Para evitar esse extremo, é comum que o cancionista diminua intuitivamente o ímpeto musical criando figurações locutivas que devolvam à melodia suas funções prosódicas. Do mesmo modo, na outra ponta, a hegemonia dos recursos entoativos da linguagem oral na criação de canções pode provocar um rompimento semiótico e, nesse caso, as obras tornam-se apenas discursos linguísticos (como um pronunciamento político, por exemplo), desprovidos dos meios de estabilização sonora necessários à apreensão estética. Cabe ao mesmo cancionista diminuir sua avidez por mensagens verbais em nome de alguns recursos musicais que assegurem a permanência da obra.

Além dessas moderações no uso da música e da fala, já vimos que os compositores e intérpretes programam o andamento (*mais*

ESTIMAR CANÇÕES

rápido ou *mais* lento) das canções com suas recorrências temáticas ou suas curvas melódicas passionais para conduzir letras que falam ora de encontros afetivos eufóricos, ora de desencontros e sofrimentos. Embora esses atores cancionais criem dominâncias no uso desses recursos (*mais* fala e *menos* música ou vice-versa; *mais* tematização e *menos* passionalização ou vice-versa) a cada canção produzida, quase sempre promovem diferentes graus de mistura entre eles para obter um resultado artístico mais eficaz. Tudo isso é abordado no tema do quinto capítulo: "O 'Cálculo' Subjetivo dos Cancionistas".

Como vem sempre recortada pela letra, a melodia cancional é uma sequência virtual de unidades entoativas que se atualiza na voz dos intérpretes de modo a vinculá-los ao conteúdo emotivo da letra. Por mais variados que sejam os assuntos tratados no texto, a melodia se encarrega de aproximá-los da *persona* do cantor. Se a letra se desenvolve em primeira pessoa, as inflexões melódicas reforçam a conexão dos enunciados com o enunciador. Este não apenas diz "eu", mas também "entoa" concomitantemente suas emoções como qualquer falante em suas locuções diárias. Se a letra relata algo em terceira pessoa, os contornos entoativos impedem que o efeito de objetividade se imponha com plenitude. Os sentimentos atribuídos a "ele" são infletidos pelas modulações vocais de quem canta. Tudo que a letra desconecta da enunciação, a melodia se encarrega de reconectar a essa mesma instância. No sexto capítulo, intitulado "A Ilusão Enunciativa na Canção", veremos que, conscientes desse impacto causado pela *ilusão enunciativa*, os intérpretes costumam escolher canções com cujas letras realmente se identificam e chegam a dosar o grau de comprometimento com a obra na maneira como realizam a linha do canto. A melodia não

PRÓLOGO

permite que os temas sejam focalizados de maneira neutra sem envolvimento emocional.

Por fim, sob o tema "O Significado de Cantar na Enunciação Musical", o sétimo capítulo, que contou com a colaboração de Ivã Carlos Lopes, descreve o significado das inflexões vocais nas obras eruditas e nas canções de grande difusão pela mídia. No primeiro caso, a linha do canto recebe um tratamento musical de tal ordem que a sucessão silábica tende a se desprender das construções semânticas da linguagem verbal. No segundo, a voz também se estabiliza musicalmente, mas apenas para fixar um "modo de dizer" que terá papel essencial na transmissão do conteúdo relatado e na caracterização do próprio enunciador-intérprete como um "ser sensível"[10]. Mesmo no interior do repertório popular midiático, encontramos gêneros com propensão para a musicalização (como a bossa nova) e outros que se orientam francamente para os contornos entoativos e a semantização da fala cotidiana (como o rap ou o funk). A maioria das canções, porém, dosa o seu *quantum* ideal de música e de fala para manter sua eficácia de comunicação tanto num plano universal quanto no plano de sua cultura particular.

Esse capítulo ainda aprofunda o conceito de figurativização, primeira operação que particulariza a linguagem da canção por provocar no ouvinte a imprescindível ilusão enunciativa. Mostra que essa noção não diz respeito à imitação da nossa oralidade diária, mas sim à criação inédita de unidades entoativas consideradas plausíveis numa dada cultura. É o letrista quem com frequência – mas não necessariamente – responde por essas uni-

---

10. Jean-Jacques Rousseau, "Ensaio Sobre a Origem das Línguas", *Os Pensadores*, p. 200.

ESTIMAR CANÇÕES

dades ao converter melodias de origem musical em modos de dizer convincentes, garantindo, assim, a compatibilidade geral das duas faces inerentes à canção.

Retomamos, em nosso epílogo, os pontos fundamentais examinados neste trabalho, mostrando que boa parte dos recursos tensivos propostos pela semiótica atual pode contribuir imediatamente para a melhor compreensão da dinâmica do modelo cancional. Entre os dispositivos de concentração melódica próprios da tematização já existem sinais da expansão e do abandono do núcleo reiterativo, assim como há, nos contornos da melodia passional, constâncias que fazem sua expansão retrair-se. Por fim, reforçamos aqui que, no mundo da canção, não se pode pensar em conceito de musicalização sem cotejá-lo com o de oralização – e vice-versa. Um pequeno esquema gráfico sintetiza o campo de interação dessas quatro tendências.

1. QUANTIFICAÇÕES SUBJETIVAS: CRÔNICAS E CRÍTICAS

QUESTÃO PRELIMINAR

A semiótica só encontrou seu caminho como ciência do discurso quando A. J. Greimas viu nos modelos narrativos de Vladimir Propp uma gramática que poderia ser estendida a todos os textos verbais e posteriormente a todas as práticas de construção do sentido.

Podemos dizer hoje em dia que a narrativa proppiana sempre se pautou pela *parada da parada*, expressão bastante utilizada por Claude Zilberberg para designar a força de continuidade de um programa narrativo mesmo quando se encontra tolhido por um antiprograma[1]. Diante de um sentimento de falta imposto por um agressor (um ataque, uma privação, um sequestro, uma parada), só resta ao sujeito, na concepção do antropólogo russo, empreender um projeto de recuperação do valor (concreto ou abstrato) subtraído e rejeitar veementemente a imagem de alguém conformado com a condição de "perdedor". Se a função do

---

1. Claude Zilberberg, *Razão e Poética do Sentido*, p. 133.

ESTIMAR CANÇÕES

antissujeito é sempre a de causar dificuldades e com isso paralisar a trajetória de vida do sujeito, a deste último é a de neutralizar tais efeitos e, se possível, fazê-los recair sobre o autor da hostilidade. Nesse sentido, ainda segundo Propp, cabe ao antissujeito (ou "oponente") mobilizar a narrativa e fazer com que algo relevante de fato aconteça.

Embora não possamos negar o rendimento gramatical dessa formulação para os estudos do texto e do sentido, cremos que a amplitude da atuação do antissujeito ainda não foi devidamente contemplada nem por Propp nem mais tarde por Greimas. Da obra fundamental do semioticista, o *Dicionário de Semiótica*, não consta sequer a entrada "Antissujeito", mas seus autores deixam entrever que, mesmo nos casos em que o texto não chega a antepor programas narrativos contrários, "a figura do oponente (animado ou inanimado) surge sempre como uma manifestação metonímica do antissujeito"[2].

Esse conceito de actante antagonista constitui na verdade o cerne das operações narrativas que deram base sintáxica à teoria semiótica. É o elemento que dinamiza suas estruturas e nos provoca o efeito de "evolução", pois toda vez que ultrapassa uma barreira armada pelo adversário, o sujeito demonstra sua capacidade de cancelar as interrupções ou, em outras palavras, comprova sua força de continuidade. Além disso, o antissujeito é o responsável maior pela noção de sentimento de "falta", termo que pode ser considerado o embrião da proposta tensiva introduzida pelos semioticistas na década de 1990.

De fato, a falta pressupõe a perda de algo que pertencia ao sujeito e que, portanto, lhe provoca a insuportável sensação de

2. Algirdas Julien Greimas & Joseph Courtés, *Dicionário de Semiótica*, p. 376.

incompletude. Não se trata apenas do desaparecimento de um objeto externo, mas de um desfalque no próprio ser do sujeito: sua identidade depende justamente do preenchimento do vazio imposto pelo antissujeito. O sentimento de falta já representa essa fase de reparação do mal (a atualização), em que o sujeito assume de vez o seu vazio como condição para que haja busca e supressão da carência. Nas palavras de João Guimarães Rosa, "como a metade pede o todo e o vazio chama o cheio"[3].

Satisfeita com a função sintáxica atribuída à falta, a semiótica deixou de estudar o seu termo paradigmaticamente complementar, o excesso, ainda que reconhecesse sua presença eventual nos processos discursivos de aspectualização. Pois o excesso também é obra do antissujeito e afeta diretamente o nível narrativo do modelo semiótico. Em vez de levar o sujeito a lutar contra o vácuo deixado em sua instância, as manobras excessivas despertam no sujeito o desejo de conter a atuação do outro ou de pelo menos amenizar os seus efeitos prejudiciais. Se a falta desencadeia ações para a sua liquidação, o excesso produz estados passionais que indicam a necessidade de interromper as ações do outro – às quais são imputadas intenções antagonistas. Se a primeira provoca no sujeito o impulso ou a necessidade de parar a parada, o excesso provoca-lhe o ímpeto de parar a continuidade que exorbita.

EVOLUÇÃO DESCENDENTE

Em sua coluna escrita aos 7 de abril de 2008 na *Folha de S. Paulo*, o historiador Jorge Coli, depois de enaltecer a expressão

---

3. João Guimarães Rosa, *Primeiras Estórias*, p. 86.

ESTIMAR CANÇÕES

cognitiva e emotiva associada à linguagem da ópera, põe-se no lugar de quem vê no gênero uma forma de atuação desequilibrada, na qual impera um *recrudescimento* irrefreável que certamente não se alinha a uma estética da concisão:

> Muita gente, no entanto, se irrita com ópera. As vozes lhes parecem poderosas demais e os sentimentos, excessivos. É que, nesse universo de grandes anseios, as palavras se incham, graças à música, com intensidade emotiva. Embebem-se de expressividade, crescem com a melodia, espalham suas significações pela orquestra. Ressoam para além daquilo que devem dizer, carregam-se de sentidos que, sozinhas, são incapazes de definir ou sequer de sugerir [...][4].

Segundo Coli, a irritação ocasional motivada pela ópera advém do predomínio absoluto do excesso, tanto no plano da "intensidade emotiva" quanto no da extensidade ("espalham suas significações pela orquestra"), e sempre a partir do momento em que as palavras do libreto ganham o apoio decisivo do discurso musical. Haveria assim uma hiperbolização geral da expressão artística que só pode perturbar a fruição de quem reivindica para a arte um bom índice de delicadeza e suavidade. Não é difícil reconhecer que essa "gente" retiraria da ópera o que lhe parece ultrapassar certa *medida*, subjetiva sem dúvida, mas sempre uma medida. No dizer da semiótica atual, as pessoas que rejeitam o gênero clamam por *menos mais*, combinação linguística bastante própria para traduzir a ideia de *atenuação*[5].

Tanto o sentimento de falta quanto a impressão de excesso pressupõem a intermediação de um avaliador, o chamado

---

4. Jorge Coli, *Folha de S. Paulo*, 7.4.2008.
5. Claude Zilberberg, *Elementos de Semiótica Tensiva*, pp. 57-58.

QUANTIFICAÇÕES SUBJETIVAS: CRÔNICAS E CRÍTICAS

destinador julgador, que, no interior de um quadro axiológico, estabelece seus parâmetros de medida, arbitrários do ângulo da exatidão científica, mas facilmente reconhecíveis pelo senso comum num determinado grupo sociocultural. No caso em exame, "muita gente" é o ator que ocupa a posição do avaliador cujo ponto de vista não coincide em nada com o do enunciador do texto. É o avaliador que identifica a ação antagonista e sustenta a resposta do sujeito no sentido de recompor as condições para superar a *falta* ou, como nesse caso particular, de moderar os efeitos do *excesso*. Muitas vezes as funções de avaliador e de sujeito que reage são absorvidas pelo mesmo ator e isso contribui para que a resposta ao antissujeito seja mais rápida.

Se considerarmos que o sujeito que rejeita a falta ou o vazio por ela produzido precisa *restabelecer* seu campo de ação e, no limite, sua própria identidade, talvez possamos dizer que, de maneira geral, tal sujeito luta contra o perigo da extinção (esvaziamento total), tentando implementar uma condição de cada vez *menos menos* até poder impor um ritmo particular de crescimento da sua presença semiótica diante de possíveis antissujeitos. O aumento dessa densidade de presença está quase sempre associado à contribuição de um destinador[6] inicial fortalecido e à consequente conjunção entre sujeito e objeto. É quando o sujeito sente que pode ir além, ingressando num período de cada vez *mais mais*. Enquanto não causar saturação, o sujeito sente-se apto a progredir.

---

6. Na semiótica de Greimas, o destinador é a função narrativa que alimenta a competência modal do destinatário para que este, na qualidade de sujeito, realize a conquista do seu objeto. Ao contrário do antissujeito, que se caracteriza pela intenção de parar ou barrar a trajetória do sujeito, o destinador é o actante encarregado de *parar a parada*, ou seja, retomar a continuidade narrativa (cf. Luiz Tatit, *Semiótica à Luz de Guimarães Rosa*, pp. 20-36).

ESTIMAR CANÇÕES

Quando a saturação já está instalada de acordo com um determinado julgamento, só resta ao sujeito dispensar o excedente e promover uma espécie de crescimento às avessas em busca de uma medida mais moderada (*menos mais*). É a atitude provável de quem "se irrita com ópera". Em lugar da liquidação da falta esse sujeito desenvolve então um programa de contenção do excesso ou, simplesmente, de despojamento. Portanto, o contrato entre destinador e destinatário-sujeito pode ser celebrado tanto nos programas ascendentes (realizados pelo sujeito) quanto nos descendentes (realizados pelo antissujeito) e uma boa demonstração deste último caso está também em Guimarães Rosa, no conto "Nada e a Nossa Condição"[7]: "O grande movimento é a volta. Agora, pelos anos adiante, ele [o personagem que sincretiza as funções de sujeito e destinador] não seria dono mais de nada, com que estender cuidados".

QUANDO AUMENTAR É DIMINUIR

Outro exemplo pode nos ajudar a distinguir os processos ascendentes (progressivos) e descendentes (degressivos) como formas contrárias da mesma evolução. Em crônica escrita em 26 de janeiro de 2008, também no jornal *Folha de S. Paulo*, o filósofo e letrista Antonio Cícero explica-nos engenhosamente que a eutanásia visa a abreviar a morte e não a vida. Em vez de considerar a morte como simples descontinuação da vida, o filósofo a concebe como "processo de morrer", ou seja, como uma duração que pode ser estendida ou reduzida a depender dos benefícios associados a cada uma dessas escolhas. Sua argumentação é ins-

7. João Guimarães Rosa, *Primeiras Estórias*, p. 87.

tigante: "enquanto há vida, há esperança de quê? De mais vida". Se não houver qualidade nessa vida "a mais", estamos falando de um excesso de vida que nos casos-limite precisa ser contido pois corresponde na verdade a cada vez menos vida ou cada vez mais morte. Em outras palavras, estamos alongando o processo de morte e não de vida, como se um antissujeito estivesse em ação à nossa revelia. Examinemos a conclusão dessa crônica:

> Os defensores da eutanásia são às vezes acusados de fazerem parte de uma "cultura da morte". Trata-se de uma lamentável e deliberada confusão. A morte é, concretamente, o processo de morrer. Esse processo pode ser rápido ou lento. O direito à eutanásia é o direito que aquele que está a morrer tem de abreviar a sua morte, caso esta esteja sendo excessivamente sofrida. Abreviar a morte é torná-la mais curta, menor, mais leve. Seria, portanto, mais correto dizer que quem pertence à cultura da morte são os que preferem impor a todos a morte mais longa, maior, mais pesada[8].

Tudo ocorre como se, a partir de certo ponto, a direção ascendente do processo de vida se tornasse descendente sem que os envolvidos percebessem a alteração. Em lugar do tempo de vida, o que aumenta é o tempo de morte. Quanto mais se vive em estado de sofrimento insuportável, mais se alonga o processo da morte. A prática da eutanásia manifesta a consciência de que a direção assumida já é descendente, ou seja, cada minuto a mais de vida significa, ao contrário, menos vida, até que esta se torne mínima e por fim desapareça. Sem a eutanásia, em certas condições, estaremos aumentando indefinidamente esse processo de diminuição do ser e reproduzindo o caso clássico da *minimização* ou do aumento de menos (*mais menos*). Rita Lee resume esse

8. Antonio Cícero, *Folha de S. Paulo*, 26.1.2008.

ESTIMAR CANÇÕES

estágio num único verso magistral: "A morte não é mais do que mais um a menos"[9].

A indistinção das direções já foi apontada por Mário de Andrade, em seu "Prefácio Interessantíssimo", quando comenta a obra de Olavo Bilac:

Tarde [de Bilac] é um apogeu. As decadências não vêm depois dos apogeus. O apogeu já é decadência, porque sendo estagnação não pode conter em si um progresso, uma evolução ascensional. Bilac representa uma fase destrutiva da poesia; porque toda perfeição em arte significa destruição[10].

Mais que plenitude, Mário de Andrade vê no apogeu do verso parnasiano um excesso de plenitude (*somente mais*), de perfeição técnica: "paroxismo absoluto de plenitude que só contém *mais*", diria C. Zilberberg[11]. Não podendo crescer ainda mais, a poesia de Bilac só pode permanecer no mesmo estágio ou decrescer. Mas como, para o autor, estagnar é decrescer, o "apogeu" já representa o começo de um movimento degressivo (*menos mais*).

CRESCIMENTO E DECLÍNIO

João Ubaldo Ribeiro, por sua vez, em crônica lançada em 30 de dezembro de 2007 no jornal *O Estado de S. Paulo*, intitulada "Lá Vem ou Lá Foi, Eis a Questão", opõe entre si ambas as direções, mostrando que no passado a entrada de um novo ano sempre lhe trazia um sentimento de ganho, de ampliação das possibilidades

---

9. Verso da composição *Longe Daqui, Aqui Mesmo* (Rita Lee e Roberto de Carvalho), cuja lembrança oportuna devemos a Waldir Beividas.

10. Mário de Andrade, *Aspectos da Música Brasileira*, pp. 25-26.

11. *Elementos de Semiótica Tensiva*, p. 56.

que a vida só reserva aos que vão se tornando menos jovens, enquanto, no presente, esse mesmo período lhe chama mais a atenção pelo ano que se foi, ou seja, pelo sentimento de perda. Lançando mão primeiramente de uma figuralidade espacial, diz o cronista:

> E cada *réveillon* me deixava ansioso que passassem logo os dias até meu aniversário, que é no mesmo mês. Era um ano começando, era eu ficando mais homem, eram perspectivas se abrindo – era, enfim, uma boa sensação ver um ano esvoaçando para nunca mais voltar e outro se abrindo em promessas, esperanças ou certezas, pois naquele tempo havia certezas, hoje finadas[12].

Para suprir uma falta (de maturidade), esse sujeito alimentava uma espera ansiosa pelo ano seguinte, quando supostamente surgiriam as oportunidades que até então lhe haviam sido negadas. No abrir de um novo ano renovavam-se as esperanças e certezas avalizadas pelo destinador, essa função transcendente que *faz fazer*, e incutidas no sujeito para lhe proporcionar novas conquistas e novas vitórias sobre a inevitável ação antagonista. E esse antissujeito enfraquecido parecia definitivamente derrotado ("era, enfim, uma boa sensação ver um ano esvoaçando para nunca mais voltar") a cada novo *réveillon*.

Mas de repente o sujeito, ancorado no tempo discursivo do enunciador ("este ano"), depreende uma inversão de poder no jogo de forças disputado até esse momento. O início da escalada do antissujeito lhe é indicado por uma mudança de acento tônico: embora ainda perceba com nitidez a presença do ano que chega, o sujeito começa a depositar maior atenção no ano que vai embora. O ano perdido começa assim a prevalecer sobre o ano ganho:

---

12. João Ubaldo Ribeiro, "Lá Vem ou Lá Foi, Eis a Questão", *O Estado de S. Paulo*, 30.12.2007.

ESTIMAR CANÇÕES

[...] mas este ano foi que me pegou. Foi o primeiro ano que não sinto chegar, mas sinto passar. [...] Para uns é mais um ano que vai, para outros é mais um ano que chega. Para mim, verdade, pois não cuspo no prato nem me queixo, também é um ano que chega. Mas é principalmente, sinto que doravante cada vez mais, um ano que vai[13].

Em outras palavras, depois de adicionar mais e mais conquistas em sua trajetória, o sujeito se dá conta de que essa ascendência já atingiu o apogeu. Agora, constata serenamente que lhe retiram um tanto desse "mais" e que, daqui em diante, terá de se habituar com cada vez *menos mais* e ainda se conformar, no final do processo, com a inversão cruel dessas categorias tensivas, ou seja, com a intensificação da carência representada pelo *mais menos*. A direção descendente, nesse caso, é definida como um antiprograma inexorável contra o qual nada se pode fazer além de retardar os efeitos de suas ações de privação.

TRIAGEM E MISTURA

Ora, essa quantificação subjetiva que nos permite situar o sujeito numa evolução ascendente (da carência à satisfação) ou descendente (da satisfação à carência) sempre esteve implícita no modelo narrativo da semiótica padrão, mas sem que esta evocasse a sutileza das duas etapas presentes em cada direção. Ou seja, antes de obter a satisfação plena (*mais mais*), numa orientação progressiva, o sujeito precisa diminuir a carência (*menos menos*) adquirida em sua fase descendente. Antes de viver a carência (*mais menos*), auge de uma trajetória degressiva, o sujeito vê

13. *Idem, ibidem.*

diminuir a satisfação (*menos mais*) anteriormente conquistada. Segundo o enfoque consagrado pela semiótica, quem reage ao sentimento de falta é um sujeito em luta contra a própria desintegração ou, no limite, a própria extinção. Ao se sentir reduzido a quase nada, esse sujeito tenta se restabelecer (*menos menos*), o que já significa um primeiro passo na direção ascendente. Greimas e Courtés diziam que "o esquema narrativo apresenta-se, então, como uma série de estabelecimentos, de rupturas, de restabelecimentos etc."[14], mas não chegaram a falar diretamente do segundo passo – o *recrudescimento* (*mais mais*) –, que define o sujeito em fase mais adiantada do processo narrativo, nem a explorar devidamente o trajeto degressivo, sobretudo quando percorrido pelo próprio sujeito.

A vantagem dessas novas aquisições é trazer para a teoria um parâmetro de medida estreitamente associado à nossa subjetividade comunitária, a única que pode atribuir alguma exatidão às ciências humanas. A semiótica sempre procurou meios para calcular o "progresso narrativo" do discurso e já havia concebido a noção de "papel actancial" dentro de uma lógica de aumento (*mais*) ou diminuição (*menos*) do ser semiótico à medida que este galga etapas em seu percurso narrativo:

[...] o papel actancial não é caracterizado apenas pelo último PN realizado e pelo último valor adquirido (ou perdido), mas subsume todo o percurso já efetuado e traz consigo o aumento (ou a diminuição) de seu ser [semiótico]; esse duplo caráter [posição sintáxica e ser semiótico] tem, assim, o efeito de "dinamizar" os actantes e oferece a possibilidade de medir, a cada instante, o *progresso narrativo* do discurso[15].

14. Greimas & Courtés, *Dicionário de Semiótica*, p. 332.
15. *Idem*, p. 334.

33

ESTIMAR CANÇÕES

Assim, no horizonte da semiótica *standard*, os antissujeitos são especialistas em causar privações ou desagregações de toda ordem, as quais levam o sujeito a buscar formas de recomposição da sua identidade ou do seu domínio a partir da restauração da própria competência e do confronto direto contra o responsável por seu definhamento. Trata-se sempre de um restabelecimento crescente do actante prejudicado, por meio de aquisições modais ou acúmulo de vitórias que recrudescem seu prestígio narrativo. Quase invariavelmente, nesse modelo, o antissujeito promove a perda e a insuficiência na instância do sujeito, enquanto este luta pela recuperação e ampliação dos próprios recursos actanciais.

Como já deixamos entender, contudo, a descendência também pode ser conduzida pelo sujeito, desde que um dado aumento ascendente seja considerado exorbitante. No caso da ópera visto anteriormente, os insatisfeitos com o gênero veem na música a grande adversária que hipertrofia os sentimentos registrados no libreto. Em vez de objeto atraente, a ópera torna-se então antiobjeto importuno em razão de um excesso de "intensidade emotiva". Seguindo essa avaliação, um eventual sujeito estético deveria reelaborar a face musical, no sentido de reduzir a intensidade provocada por suas inflexões. Mas o texto de Jorge Coli não chega a considerar essa trajetória descendente.

A diminuição do excesso pode ser igualmente desejável no plano da extensidade. Nem sempre a difusão ilimitada de algo é considerada benéfica em alguns domínios. É conhecida a mensagem de concisão contida na obra ABC *da Literatura*, de Ezra Pound. Seu conceito de "paideuma" prevê a seleção do conhecimento vigoroso que marcou um período e um lugar histórico para garantir a boa continuidade desse universo de pensamento. A concentração, nesse caso, tem primazia sobre a expansão. Sem triagem do material pertinente, ou seja, sem diminuição dos elementos de um *corpus* abusivamente amplo, não há como fazer vingar os conteúdos de uma doutrina, de um gênero artístico ou simplesmente de uma obra:

> [...] A Bíblia é um compêndio, os homens a podaram para torná-la sólida. Ela atravessou os séculos, porque não era permitido recorrer todos os pergaminhos encontráveis; um imperador japonês [...] achou que havia DEMASIADAS PEÇAS NÔ, selecionou 450 e o Teatro Nô DUROU desde 1400, ou por aí, em diante [...]; os *Canterbury Tales* de Chaucer são um compêndio de todas as boas histórias que Chaucer conhecia. Os *Canterbury Tales* sobreviveram através dos séculos enquanto as enfadonhas narrativas medievais foram para os museus[16].

O sujeito concebido por Pound deve diminuir a extensidade em nome de uma abordagem mais fecunda no interior de um determinado universo intelectual ou artístico ("O homem que realmente sabe pode dizer tudo o que é transmissível nalgumas poucas palavras"[17]). Não é por outro motivo que o autor opõe os "inventores" de um novo processo de escrita ou de uma forma exclusiva, concentrada, aos "diluidores" que, como o próprio nome diz, dissolvem essa forma em numerosas criações sem grande destaque. As recomendações do ABC *da Literatura* privilegiam sempre a triagem em detrimento da mistura. O *menos* significa *mais*.

FAIXA COMEDIDA

Essas direções progressivas e degressivas, com suas respectivas unidades de medida resultantes da combinação entre *mais* e *me-*

---

16. Ezra Pound, ABC *da Literatura*, p. 86.

17. *Idem*, p. 79.

nos, oferecem-nos uma base comum para examinarmos as etapas narrativas, as construções figurativas, as ênfases ou depreciações retóricas e, evidentemente, as oscilações tensivas que norteiam a construção do sentido. Podemos ter tanto aumento de mais (*mais mais*), como aumento de menos (*mais menos*). Ou ainda, diminuição de mais (*menos mais*) e diminuição de menos (*menos menos*). Tudo depende do ponto de vista enunciativo. Essas quantificações, urdidas por Claude Zilberberg, vêm sendo expressas por denominações que se aproximam do seu sentido subjetivo: o "recrudescimento" define o conceito de *mais mais*, a "minimização", o de *mais menos*; entre eles, a "atenuação" nos transmite a ideia de *menos mais*, enquanto o "restabelecimento" descreve o *menos menos*[18]. Propomos, assim, o seguinte quadro explicativo:

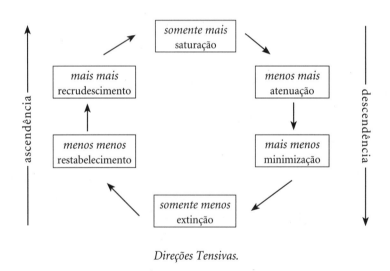

Direções Tensivas.

---

18. Ao que sabemos, esses termos foram introduzidos por C. Zilberberg em seu artigo intitulado "Présence de Wölfflin" (*Nouveaux Actes Sémiotiques*, pp. 78-79). Foram melhor sistematizados nos *Elementos de Semiótica Tensiva*, pp. 54-61.

O recrudescimento, ou aumento de mais, pode levar a uma plenitude, típica dos finais de fábulas que "acabam bem", mas pode igualmente ultrapassar esse nível eufórico e se converter numa espécie de "mais em demasia", uma saturação, que torna urgente, ou inevitável, a diminuição dos elementos considerados excessivos. É quando sentimos necessidade de atenuar os ímpetos emocionais de uma ópera, abreviar um excedente de vida que já se configura como processo de morte ou reduzir um conjunto de obras cuja extensão torna-se pouco fecunda para se empreender uma revisão estética. É quando, também, Mário de Andrade identifica o início de um percurso degressivo em todo apogeu artístico. A minimização, ou aumento de menos, pode levar ao nirvana, à extinção dos desejos e sofrimentos deste mundo, como concebe o budismo, mas pode, em outro quadro axiológico, resultar num estado de carência profunda que reclama imediata diminuição da insuficiência e, se possível, uma retomada da rota progressiva. É quando se estabelece, no modelo semiótico, a liquidação da falta.

A identificação de um antissujeito nos excessos (demais) e nas insuficiências (pouco demais) faz parte dos conhecidos *Pensamentos* de Blaise Pascal e já foi assim traduzida:

As qualidades excessivas são nossas inimigas, não são sensíveis: não as sentimos, sofremo-las. Demasiada juventude ou demasiada velhice tolhem o espírito, bem como demasiada ou insuficiente instrução. Em suma, as coisas extremas são para nós como se não existissem, não estamos dentro de suas proporções: escapam-nos ou lhes escapamos[19].

Nossas avaliações cotidianas, que em geral se baseiam no senso comum, rejeitam os extremos (de *mais* ou de *menos*) como

---

19. Blaise Pascal, *Pensamentos*, Coleção Os Pensadores, p. 58.

se o universo da significação funcionasse melhor nas fases intermediárias da quantificação. Na realidade, ao eliminarmos os excessos de muito e de pouco permanecemos numa faixa comedida que, nem por isso, deixa de ter seus recrudescimentos e suas minimizações. As exorbitâncias, segundo o filósofo francês, contêm infinitos, para *mais* ou para *menos*, inacessíveis, que não fazem outra coisa a não ser reiterar a insignificância de nossa apreensão e compreensão perante o "tudo" e o "nada", além de nos restringir a uma faixa limitadíssima de considerações quantitativas. E como se não bastasse, é justamente nessa faixa que residem as imprecisões e as inseguranças com as quais aprendemos a conviver. O mesmo Pascal diria que "nadamos num meio-termo vasto, sempre incertos e flutuantes, empurrados de um lado para outro"[20]. Apesar de tudo, aprendemos a confiar nessas medidas subjetivas e as utilizamos em nossos julgamentos, procurando definir direções (progressiva ou degressiva) e seus pontos estratégicos estimados a partir da distância que mantêm dos limites máximo e mínimo.

CRÍTICAS QUANTITATIVAS

Uma crítica publicada há alguns anos num diário de notícias[21] de São Paulo retrata bem o esforço linguístico do colaborador que, para manifestar sua opinião sobre o novo disco lançado por um determinado cantor, tenta dosar suas considerações no interior do que chamamos de faixa comedida. Faz uma verdadeira ginástica

---

20. *Idem, ibidem.*
21. Não é necessário, para nossos fins, citar o nome do jornalista que enuncia a crítica nem do artista que a recebe.

verbal para manifestar sua má impressão sobre o trabalho artístico examinado e, ao mesmo tempo, sua empatia com o artista.

No álbum, convivem baiões, sambinhas, baladas de amor, blues e canção de ninar. No geral, são composições que soam como MPB de barzinho da Vila Madalena, mas com um charme inegável, surgido da despretensão.

Avaliado primeiramente no plano da extensidade, o disco traz, segundo o crítico, uma grande variedade de gêneros (baiões, sambas, baladas etc.). Dentro desse leque dispersivo, porém, o que realmente depõe contra a qualidade do trabalho é o fato de as composições parecerem "MPB de barzinho da Vila Madalena". Vila Madalena é um bairro paulistano da moda, conhecido entre outras coisas pela quantidade de casas noturnas. O diminutivo expresso em "barzinho" indica que se trata de um bar qualquer dessa região. A diversidade passa então a significar também vulgaridade, banalidade, o que dá início à diminuição do objeto analisado.

Mas a depreciação estética (*mais menos*) é imediatamente compensada pela imagem despretensiosa do artista. Afinal, o seu "charme" pessoal evita que só haja *menos* no trabalho criticado. Com essa observação "inegável", o próprio articulista retira um pouco da negatividade do álbum (*menos menos*) sem, contudo, incluí-lo numa progressividade positiva. Há alguma exatidão, subjetivamente mensurável, nessas imprecisões discursivas.

Mais adiante, diz o crítico:

> Toda essa energia gracinha acaba transbordando para cada detalhe do disco, que, mesmo sem grandes momentos de genialidade, inspira enorme simpatia.

ESTIMAR CANÇÕES

Tal "energia" decorre de cenas familiares cotidianas, nas quais o casamento e a filha recém-nascida figuram como motivos inspiradores irresistíveis. Esses fatos, banais em si, caracterizam o clima "mediano" que norteou a criação do disco. O termo "gracinha" traz ao mediano as conotações pejorativas do "medíocre" e, desse modo, mantém a ascendência na primeira faixa do simples restabelecimento. E o escritor deixa claro que em nenhum momento há na obra um acréscimo de *mais*: "mesmo sem grandes momentos de genialidade". Ao mesmo tempo, porém, destaca outra vez o poder atrativo desses elementos cotidianos na composição geral da obra: "inspira enorme simpatia". Interessante notar que a expressão "enorme simpatia" elimina a ideia de rejeição sumária do trabalho, mas sua intensidade não chega a atingir a faixa do recrudescimento (*mais mais*). O parágrafo seguinte acaba por definir de uma vez por todas o espaço mediano como o único possível para a apreciação do disco:

> Suas letras existem no limite da obviedade, com detalhes da vida prosaica transformados em poesia sem absolutamente nada demais mas também sem nada terrivelmente constrangedor.

Como nos diz Pascal, não há nada mais vasto e incerto que esse meio-termo. No entanto, a precisão discursiva possível nos é dada pela distância que esse espaço conserva em relação aos pontos extremos de *mais* e de *menos* ("nada demais" / "nada terrivelmente constrangedor"). Justamente por serem extremos, esses pontos servem de balizas para as medições intermediárias.

O estilo "machuca e assopra" adotado pelo colaborador apoia-se numa depreciação que jamais anula o objeto da crítica.

Minimiza mas restabelece. Mesmo a sequência de diminutivos que poderia reduzir a nada o álbum comentado vem emoldurada por ressalvas às intenções do músico:

> Impossível não pensar que ele parece ser um cara bacana, com boas intenções, curtindo fazer uma musiquinha, cantar para a filha, fazer um showzinho com os amigos, compor cançõezinhas que soam legais – e têm pouca probabilidade de entrar para o cânone da música brasileira. Não que essa seja a intenção.

Mas como a minimização prevalece no texto global, e isso poderia reforçar a ideia de uma insuficiência aniquiladora, o articulista encerra sua coluna afirmando literalmente: "Às vezes, já é suficiente". Ou seja, em determinadas situações, o *mais menos* pode ser avaliado como *menos menos*, permanecendo assim nas etapas iniciais de uma rota progressiva.

O recurso discursivo inverso pode ser extraído de uma crítica de Daniel Piza ao programa de "estabilidade & assistencialismo" seguido por FHC e Lula (*O Estado de S. Paulo*, 12.9.2010). Embora concorde com o programa, o jornalista quer, em princípio, ressaltar sua insuficiência. Mas vai além. Depreende no brasileiro uma tendência a superestimar o nível de desenvolvimento em que o país se encontra ("se tudo parece melhorar um pouco e se os estrangeiros estão elogiando, então valeu, beleza, estamos 'quase lá' e a inércia dá conta do futuro"). Em lugar da prudência de um *menos menos*, nosso povo se mostra deslumbrado com a pouca melhoria das condições de vida e já efetua um "cálculo" positivo que lança o Brasil entre as nações *mais mais* ("quase lá"). Ao que pondera o jornalista:

> Agora leia o relatório recente do Pnad [Pesquisa Nacional por Amostra de Domicílios – IBGE], ratificando que apenas metade dos brasileiros tem

ESTIMAR CANÇÕES

acesso a esgoto e que a renda média apenas recuperou o valor que tinha em 1995, cerca de R$ 1.100. O Brasil melhorou, mas pouco demais[22].

Dentro da faixa comedida, o crítico refaz os cálculos e, mesmo admitindo o movimento progressivo, argumenta com dados concretos que nossa posição nesse fluxo é ainda bem baixa, ou seja, mais próxima de zero ("pouco demais"). A continuar assim, nesse caso, nunca será suficiente.

PARA CONCLUIR

As quantificações subjetivas estão implícitas nas escolhas epistemológicas da teoria semiótica. O quadrado greimasiano, em quase todas as versões, articula a oposição entre *mais mais* e *mais menos*, passando até mesmo por uma fase de negação ou diminuição dos extremos (*menos mais* e *menos menos*). A insuficiência e o excesso estão na base da gramática narrativa, embora, como vimos, a primeira noção tenha sido bem mais explorada que a segunda. O percurso ascendente sempre esteve associado ao programa narrativo de liquidação da falta e, portanto, às aquisições modais e ao aumento do ser semiótico, enquanto o descendente na maioria das vezes representou o antiprograma que cria obstáculo ao sujeito e diminui suas condições de resposta. Mas, como vimos, essa orientação degressiva pode também ser reação do sujeito aos excessos praticados pelo antissujeito.

Não há julgamento narrativo (sanção) que abra mão dessas medidas, aliás, menos imprecisas do que parecem. Definimos direções, ascendentes e descendentes, estimamos os graus dessas

22. Daniel Piza, *O Estado de S. Paulo*, 12.9.2010.

escalas de avaliação opondo as unidades *mais* e *menos* entre si e localizando posições nessa zona comedida pelo distanciamento que adquirem de seus pontos extremos. Numa escala de zero a um, "nada terrivelmente constrangedor" é mais próximo de zero que apenas "nada constrangedor"; "pouco demais" também vai além nessa tendência negativa se o compararmos, por exemplo, com um simples "isso não basta". A famosa expressão "são tantas emoções" reflete sempre o máximo grau nessa escala, enquanto a moderação "nem tanto" indica algo um pouco abaixo desse extremo positivo. E assim por diante.

No plano das figuras estilísticas, não há dúvida que essas quantificações imperam justamente para graduar o sentido dos eufemismos, das lítotes, das hipérboles, das amplificações, das atenuações etc. Mas nesse campo a retórica já deu sua contribuição. Só nos falta semiotizá-la.

2. CANÇÃO E OSCILAÇÕES TENSIVAS

CANTAR E DIZER

A forma musical e a força entoativa sempre disputaram espaço na composição de canções. Quando a proposta musical é também uma proposta vocal, sempre ouvimos, paralelamente ao canto, frases melódicas que nos reportam de imediato à linguagem oral e suas modulações expressivas conhecidas como *entoações*. Afinal, todos nós, músicos e leigos, convivemos com as entoações que trazem movimento e direção à sonoridade da fala, e sabemos interpretá-las como afirmações, perguntas, hesitações, exclamações, interpelações, ironias, enumerações e outros incontáveis matizes que vivificam nossa comunicação cotidiana e dão realces especiais ao conteúdo do texto. O fato de ampliarmos as atribuições da voz, destacando-a também para o canto, jamais a desvincula de seus usos corriqueiros nem de seus recursos expressivos primários.

Isso em tese. Quantos não foram os músicos, eruditos e populares, que já experimentaram escrever para uma espécie de

ESTIMAR CANÇÕES

voz-timbre, com o intuito justamente de alijá-la de suas funções prosaicas de comunicação e de remetê-la a uma instância mais "artística" onde pudesse operar, de igual para igual, com outros instrumentos? Diversos *lieder* românticos foram compostos nessa linha, além das investidas mais radicais promovidas no século xx por músicos como Anton Webern e Luciano Berio. Nesses casos, a forma musical se sobressai como única razão do ímpeto criativo, de tal maneira que a força entoativa, aquela que jamais se desprende do conteúdo do texto, praticamente se desfaz na ininteligibilidade das frases (ou mesmo das palavras) pronunciadas. O século passado foi pródigo em canções eruditas desse tipo, para as quais os compositores já escolhiam poemas nada lineares que se mostravam adequados, na medida em que se anulavam como discurso verbal, à hipertrofia do pensamento musical.

Mas os recursos entoativos também podem ser hipertrofiados quando concebidos por autores que, ao contrário, preferem diluir a forma musical. A passagem do século xx ao xxi foi marcada, no terreno popular, pela explosão do rap, gênero bastante comprometido com a mensagem linguística, e que, portanto, não pode prescindir dos contornos rítmico-melódicos que dão expressividade à letra. Aqui, ao invés, não contamos com precisão no âmbito da sonoridade e muito menos com a escrita que sempre garantiu o registro da forma, por mais complexa que fosse, na música culta. Os autores se apegam antes de tudo a um modo de dizer, ao próprio teor verbal de suas frases e, se aproveitam algumas recorrências musicais, distribuem-nas pelo plano da expressão da letra, gerando rimas e assonâncias que colaboram na memorização dos longos discursos. O resto é força entoativa quase pura que pouco concede aos ritos musicais de estabilização sonora.

Do ponto de vista da semiótica da canção, esses dois extremos de forma musical e de força entoativa são previstos e, até certo ponto, almejáveis em termos de experimentação artística e configuração dos limites da linguagem, mas, por outro lado, caracterizam uma zona "bate-volta" do universo cancional, ou seja, um ponto em que a forma corre o risco de eliminar a força ou, na outra orientação, a força ameaça descartar a forma musical. Isso equivaleria, no mundo linguístico, a línguas formadas exclusivamente de vogais ou de consoantes. Ora, se as aberturas vocálicas não contassem com os fechamentos consonantais ou, inversamente, se as interrupções consonantais não fossem, elas próprias, interrompidas por novas sonoridades vocálicas, nossa linguagem oral simplesmente desapareceria ou, pelo menos, perderia suas funções cognitivas e emotivas. Assim como o máximo de abertura sonora, por exemplo, a da vogal "a", determina necessariamente o início de um fechamento da sonoridade para que o discurso possa prosseguir (e vice-versa, a partir do máximo de fechamento consonantal), a atuação exclusiva, de um lado, da forma musical, ou, de outro, da força entoativa, prenuncia certa paralisação do funcionamento regular da linguagem cancional, o que provoca nos compositores o desejo intuitivo de atenuar ora o "excesso de música", ora o "excesso de fala", na esperança de recuperar a eficácia persuasiva de suas obras.

No mundo da canção de consumo, onde o critério da comunicação é determinante, essas atenuações são praticadas de maneira quase automática. Quem quer permanecer nesse mundo, mas não abdica das soluções puramente musicais, pode se esmerar na construção da forma sonora desde que essa postura não se torne exclusiva, pois, se for esse o caso, manifesta-se o fenômeno bate-volta: o passo seguinte do excesso é sua própria atenuação, a menos que o artista deseje explorar outros campos de atividade e abandone o *ethos* cancional. De que adiantam as soluções musicais altamente justificadas se as frases melódicas não puderem ser pronunciadas com naturalidade pelo cantor, dando a entender que ele canta e "diz" ao mesmo tempo? A naturalidade das inflexões refere-se ao *quantum* de entoação investido nesses segmentos. Melodias que não revelam um modo de dizer figurativo, simplesmente não convencem os ouvintes do conteúdo da letra.

As experiências com o rap puro também já testaram seus limites em relação ao universo da canção. Embora se trate do gênero que mais tirou proveito da força entoativa, nunca o rap deixou de lado os padrões mínimos da estabilização musical. O radicalismo do relato narrativo cru sobre uma estrutura rítmica (*rhythm and poetry*), adequado às contestações sociais, sempre se apoiou em *riffs* percussivos, em ostinatos do contrabaixo e, na maior parte dos casos, em refrãos bem caracterizados, como que já atenuando seu gesto inicial. Na versão brasileira, o rap não apenas se serviu das colagens de citações musicais próprias do estilo, mas também, em alguns casos, deixou-se fundir com o samba (o exemplo mais conhecido é o de Marcelo D2), o que o ajudou a integrar-se mais rapidamente à memória dos ouvintes. Se esses recursos de conservação do modo de dizer não fossem ativados, teríamos um discurso de comício ou de pregação, formado exclusivamente de força entoativa, desconectado da linguagem cancional.

Se pensarmos de um ponto de vista tensivo, como a semiótica nos convida a fazer hoje em dia[1], poderemos compreender essas tendências a partir de pequenas células de intensidade, re-

---

1. Claude Zilberberg, *Elementos de Semiótica Tensiva*, pp. 54-62.

CANÇÃO E OSCILAÇÕES TENSIVAS

presentadas pelas noções de *mais* e de *menos*, e pelas direções, *ascendente* e *descendente*, que suas combinatórias produzem (ver esquema geral proposto à p. 36). Vejamos como esses conceitos funcionam no contexto cancional que estamos considerando.

A FORMA MUSICAL

Tomemos primeiramente o ponto de vista da forma musical. Um relato discursivo como o que se ouve num comício, ou seja, sem o tratamento percussivo, acentual e sem os refrãos que se configuram no rap, pode ser altamente expressivo em suas modulações prosódicas, mas nada contribui para a elaboração da forma musical. Tal insuficiência caracteriza um ponto zero no qual nenhuma forma é reconhecida pelo músico. Se houver alguma intenção cancional nessa avaliação, a citada crueza discursiva, com seu excesso de *menos* forma musical, será imediatamente convertida num processo ascendente de incorporação de recursos musicais. Num primeiro momento, porém, diante da total ausência desses recursos, só restará ao cancionista tirar leite de pedra, transformar o que é *menos* em *menos menos*, ou seja, restabelecer um pouco da forma que estava extinta. É o que fazem os *rappers* em relação ao discurso oral bruto, mas é também o que faziam os pioneiros do samba no Brasil, na dobra dos anos 1920 aos 1930, quando passaram a converter sistematicamente suas frases entoativas em frases melódicas, deixando rastros das primeiras nos famosos sambas de breque.

Mas a ascendência segue o seu curso e pode ultrapassar essa área de negatividade, de restauração do que não existia, atingindo um plano positivo de elaboração da forma musical em seus níveis rítmicos, harmônicos, métricos e melódicos, como ocorre

ESTIMAR CANÇÕES

com qualquer canção disponível em nossa memória. Passamos, então, do simples restabelecimento (*menos menos*) para o recrudescimento (*mais mais*) da forma musical e podemos reconhecer nesse gradiente desde os sambas consolidados até o esmero técnico investido na bossa nova. Mas a preocupação com a forma musical pode ir além e se tornar, aos olhos do cancionista, exorbitante. Nesse ponto, desaparecem os vestígios da entoação diante das exigências de uma forma musical pura que se basta. Muitas "canções" eruditas – *lieder*, árias operísticas ou as citadas experiências-limite do século xx – e mesmo algumas de linhagem popular, mas concebidas com recursos da faixa erudita, retratam esse excesso de *mais* que, para a perspectiva cancional, pode ser sentido como saturação da forma. É quando se dá o bate-volta: o passo seguinte pede que se atenue (*menos mais*) o regime musical em nome da expressão entoativa. Caso contrário, sem a desejada integração entre melodia e letra, a voz estará se comportando como qualquer instrumento no interior do discurso musical, e não haverá mais canção.

Um compositor como Tom Jobim, ao mesmo tempo que recrudesce a elaboração da forma musical, já cuida, ele próprio, da atenuação dos recursos meramente técnicos em favor da expressividade do modo de dizer cada frase da letra. Ao evitar a saturação musical, mantém-se invariavelmente no universo da canção, mesmo sentindo-se apto à exploração do campo exclusivamente sonoro. Se prosseguirmos na descendência de emprego do aparato musical do âmbito da canção, o *menos mais* pode se transformar no *mais menos*, que alguns interpretam como "pobreza" musical, mas que outros reconhecem como prova de que menos vale mais. Isso corresponde à passagem da atenuação para a minimização e compreende um amplo arco que vai da canção pop despretensiosa até as propostas mais radicais do rap.

CANÇÃO E OSCILAÇÕES TENSIVAS

A frase que Tim Maia teria dito a Almir Chediak, segundo Nelson Motta[2], expressa bem o gesto da minimização: "com os acordes que tem numa música do Tom Jobim dá pra fazer umas cinquenta". Uma canção de Tim Maia, ou de Jorge Ben Jor, normalmente constrói uma base musical mínima para sustentar a força expressiva das frases ditas: "Toma guaraná, suco de caju, goiabada para sobremesa!" Em ponto mais avançado da minimização, quase atingindo a extinção da forma musical, inserem-se todas as experiências do rap comentadas anteriormente. Nelas, quase que só resta a força entoativa. Mas os próprios *rappers*, como vimos, não deixam a forma musical se extinguir, pois, mesmo rejeitando a hegemonia do parâmetro altura (melodia e harmonia), providenciam, por outro lado, o restabelecimento de outras diretrizes musicais, como a grade rítmica e as recorrências sonoras dos fonemas. Desse modo, retomam o fluxo cancional que se nutre de força entoativa, mas igualmente de forma musical.

A FORÇA ENTOATIVA

Se tomarmos como direção ascendente a força entoativa, o mesmo esquema pode ser aplicado e boa parte das considerações já vistas pode ser reaproveitada. Temos que admitir igualmente um ponto zero, em que a expressão prosódica de uma canção esteja extinta e em que só haja tratamento no plano da forma musical. A voz, nesse caso extremo, emitiria sons sem caracterizá-los como fonemas e inflexões bastante improváveis em nossa fala cotidiana. Qualquer cancionista autêntico procuraria reverter essa frieza do canto, restabelecendo os elos entre melodia e letra

2. Nelson Motta, *Vale Tudo: O Som e a Fúria de Tim Maia*, p. 285.

51

ESTIMAR CANÇÕES

de modo a convencer os ouvintes de que os contornos que "dizem" as frases linguísticas são plausíveis. Essa primeira atitude já transformaria o "nada expressivo", de um ângulo cancional, em algo menos insípido (*menos menos*), com possibilidades de adquirir cada vez mais significação figurativa. Tal recrudescimento pode ser observado nas mais variadas vertentes da música pop, sobretudo quando surgem apelos a comportamentos e *slogans* de época ("Tô nem aí", "Eu sou terrível!", "Se alguém perguntar por mim / Diz que fui por aí", "Deixa a vida me levar" etc.).

Esse processo também pode exorbitar, ultrapassar o *mais mais*, em direção a um canto estritamente figurativo, no qual imperam nossas maneiras de falar. Só lembramos de casos que roçam esse limite, mas eles próprios já sinalizam sua atenuação. Na famosa interpretação de *Deixa Isso Prá Lá* (Alberto Paz e Edson Menezes), Jair Rodrigues entoa como numa fala crua a primeira parte da canção, mas engata um samba tradicional na segunda. Paulinho da Viola capricha nas entoações de seu *Sinal Fechado*, mas concebe paralelamente uma harmonia bastante refinada. Gabriel, O Pensador entoa de ponta a ponta o seu *Cachimbo da Paz*, mas, além do fundo harmônico sustentado por vigorosa percussão, ainda intercala o refrão "melódico" "Maresia, sente a maresia", que atenua claramente o gesto rap inicial. Enfim, antes do bate-volta previsto pela saturação, nossos cancionistas em geral já providenciam a atenuação do processo retirando o excesso de *mais* (*menos mais*). De todo modo, não é difícil imaginarmos uma situação-limite na qual reinasse de maneira absoluta o *rhythm and poetry*, sem qualquer concessão de ordem musical, e, seguindo uma profecia muito em voga no início do século xxi, desaparecesse a linguagem da canção. Seria um caso radical de saturação da força entoativa.

52

CANÇÃO E OSCILAÇÕES TENSIVAS

O mais esperado, entretanto, é o prosseguimento da descendência, passando do *menos mais* para o *mais menos* e minimizando consideravelmente a força entoativa. Esse processo ocorre toda vez em que há pouco apreço pela letra ou, mais precisamente, pelo entrosamento entre melodia e letra na canção. Os versos são construídos só para evitar a vocalização de sílabas sem nexo à maneira de um solfejo. Esses casos, por vezes, estão inseridos em contextos de alta elaboração técnica nos quais os compositores e os intérpretes fazem uso da canção, mas supõem que os ouvintes só se interessam pela virtuosidade musical exibida. São práticas corriqueiras no mundo do jazz. Mas há casos, digamos, menos nobres, em que o desprezo pela letra é proporcional ao desprezo pela música e esse conjunto serve a propósitos unicamente comerciais. Com a figura do cantor, o gênero da moda tem mais chances de emplacar no mercado. A redundância do que se diz poderia ser substituída por "laiá-laiá" sem qualquer perda de significado. De todo modo, dizer frases da língua, por mais desgastadas ou desconexas que se apresentem, é sempre melhor do que um simples vocalise pelo fato de manter o simulacro cancional. Depois disso, só a extinção completa das figuras entoativas, geralmente evitada tanto por músicos como por produtores comerciais. O "demasiadamente pouco" (extinção) é um excesso tão nocivo quanto o "demasiadamente demais", representado pela saturação.

ASSOCIAÇÕES TENSIVAS

A esta altura, já podemos deduzir que há correspondências evidentes entre as oscilações tensivas da forma musical e da força entoativa. A saturação da forma pode, em muitos casos, corresponder à extinção da força. E vice-versa. O restabelecimento da

ESTIMAR CANÇÕES

forma musical, numa situação – teoricamente concebida – em que o mundo da canção tivesse descambado de vez para a oralidade pura, reproduz, de certo modo, a atenuação da força entoativa, que também prevê um mínimo de abstração sonora no interior do universo tomado pelas inflexões figurativas. O recrudescimento da forma musical, na medida em que reflete o apuro dos recursos técnicos de tratamento do som, remete-nos à minimização da força entoativa, pelo menos quando essa diminuição do vigor figurativo coincide com o aumento da elaboração musical (como no caso do jazz).

Assim também, o restabelecimento da força entoativa num âmbito imaginário, em que só dispuséssemos de música instrumental, pode ser relacionado com a atenuação da forma musical, se essa atenuação for vista como restauração entoativa dos segmentos sonoros engendrados num quadro de interações abstratas. É o caso de todas as melodias que, depois de algum tempo, são letradas e viram canção. Devem, necessariamente, adquirir força entoativa. O recrudescimento desta última, facilmente associado ao vigor indiscutível da música pop, poderia equivaler à minimização da forma musical, no sentido de diluição técnica dos agentes estabilizadores da canção.

Essas correspondências são verdadeiras e em alguns casos até suficientes. Mas cabe à análise depreender com a máxima propriedade se se trata de movimento ascendente ou descendente, ou ainda, se ambas as direções podem ser examinadas. Obter cada vez mais (restabelecimento e recrudescimento) forma musical nem sempre equivale a contar com cada vez menos (atenuação e minimização) força entoativa, embora sejam inegáveis as interseções de passagem. As direções – do nada ao tudo e do tudo ao nada – são realmente contrárias. O movimento ascendente

CANÇÃO E OSCILAÇÕES TENSIVAS

retira um tanto do *menos* para acrescentar um tanto ao *mais*, enquanto o movimento descendente retira um tanto do *mais* para acrescentar um tanto ao *menos*.

Se estivermos examinando a trajetória de formação do samba até o período da bossa nova, não faz sentido falarmos em atenuação e minimização da força entoativa, mas sim, em restabelecimento e recrudescimento da forma musical. O que não havia em termos de gênero cancional foi conquistado e enriquecido. Do mesmo modo, se nosso enfoque incidir sobre as etapas de constituição do rap como gênero cancional, seria mais adequado falarmos de restabelecimento e recrudescimento da força entoativa do que em atenuação e minimização da forma musical. Por outro lado, quando Luciano Berio escreveu sua *Sinfonia* para coro de oito vozes e escolheu The Swingle Singers, grupo ligado tanto à música erudita quanto à música popular, para interpretá-la, seu gesto foi de atenuação da forma musical e não, propriamente, de restabelecimento da força entoativa (ainda que esse aspecto também possa ser realçado em segundo plano). Já ao reinterpretar a composição *Sonhos*, de Peninha, podemos dizer que Caetano Veloso restabeleceu a força entoativa e, ao mesmo tempo, desestabilizou (ou atenuou) a forma musical da canção. Ou seja, a depender do enfoque analítico, a abordagem pode considerar a perspectiva ascendente ou descendente.

CANÇÕES TEMÁTICAS E CANÇÕES PASSIONAIS

Outro processo que não pode ser ignorado nos estudos da canção é o que gera, numa direção, as canções temáticas, e, na direção contrária, as canções passionais. As primeiras caracterizam-se por movimentos de concentração, involução e tendência

ESTIMAR CANÇÕES

à aceleração, enquanto as últimas primam pela expansão no campo de tessitura, pela evolução e pela tendência à desaceleração. Vamos nos ater às propriedades melódicas das composições para evitar que as questões de compatibilidade entre melodia e letra, examinadas em diversos outros trabalhos, roubem a cena desta reflexão. Nesse sentido, só de passagem comentaremos aqui aspectos da letra.

As canções temáticas são caracterizadas por segmentos melódicos que se reiteram numa faixa, digamos, "horizontal" do seu campo de tessitura. Às vezes é um refrão que assinala o núcleo da obra, ou seja, de onde saem e para onde voltam todas as inflexões da composição (exemplo: *Andar com Fé*, de Gilberto Gil), às vezes, é um tema, um motivo melódico recorrente, que estabelece forte identidade para o reconhecimento imediato da canção (exemplo: *Águas de Março*, de Tom Jobim). Em ambos os casos, o que temos é a reprodução de segmentos de mesma natureza, como se a "música" não precisasse ir a lugar nenhum nem buscar outro material sonoro que não seja parte de si própria. Enquanto não houver alteração do refrão ou dos temas, estamos no terreno da previsibilidade quase absoluta e a própria noção de alteridade permanece em grande medida anulada. Essa verdadeira continuidade entre os elementos melódicos, que dispensa movimentos bruscos e direções inesperadas, já é em si um recurso, talvez natural, de refreamento do regime acelerado em que normalmente transcorrem as canções temáticas. Não havendo pontos de descontinuidade muito marcantes, a melodia pouco evolui apesar do andamento dinâmico de base. Portanto, são esses pontos de identidade entre segmentos que sugerem ao letrista situações de plenitude, em que não há distância entre as personagens nem buscas de objeto de desejo. Só celebração dos encontros e satisfação pelas uniões.

As canções passionais, ao contrário, caracterizam-se por farta exploração do campo de tessitura selecionado pelo compositor. Isso equivale a dizer que seus recursos centrais se articulam em dimensão "vertical", privilegiando os movimentos descontínuos, ora as transposições bruscas de registro, primeira parte na região médio-grave e segunda parte na médio-aguda (exemplo: *Travessia*, de Milton Nascimento e Fernando Brant), ora os saltos intervalares expressivos (exemplo: as primeiras notas de *Olê, Olá*, de Chico Buarque, ou de *Manhã de Carnaval*, de Luiz Bonfá e Antônio Maria). Nesse último caso, as descontinuidades são pontuais, enquanto, na transposição, a descontinuidade se dá entre segmentos mais amplos. Essas passagens com rupturas indicam certa "pressa melódica" de se percorrer, queimando etapas, um longo caminho que poderia levar ao elemento que falta para completar a identidade (uma repetição melódica, por exemplo, que poderá vir ou não). Esses saltos têm a função de rebater um pouco o andamento desacelerado de base cujo principal efeito é o de aumentar a duração das notas e, com isso, valorizar o percurso de busca das canções passionais. Tais melodias sugerem ao letrista conteúdos de separação, de espera (saudade ou esperança) e de desejo. Resumindo:

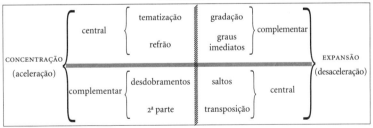

Concentração (tematização) e Expansão (passionalização) Melódicas.

ESTIMAR CANÇÕES

Se projetarmos essas duas principais formas de condução melódica das canções sobre nosso esquema de oscilação tensiva, podemos extrair algumas observações iniciais.

A tendência à concentração involutiva das melodias temáticas, baseadas na recorrência de pequenos temas ou de refrãos, só se efetiva a partir do enfraquecimento do pendor expansivo e evolutivo da melodia passional. Em outras palavras, a ascendência dos recursos centrais da melodia temática pressupõe, em princípio, a descendência dos recursos típicos da melodia passional. Quanto mais recrudescimento (*mais mais*) das formas recorrentes, mais minimização (*mais menos*) dos percursos e transições melódicas que fazem com que as canções evoluam no espectro das alturas. Pensemos, como exemplo, em *O Samba da Minha Terra*, de Dorival Caymmi. O mesmo podemos dizer, em sentido inverso, quando a tendência à expansão melódica ganha destaque. Os meios reiterativos de contenção do fluxo do canto são reduzidos ao mínimo para que a melodia possa se espalhar no campo de tessitura em busca... de si própria. É o caso de *Oceano*, de Djavan.

No entanto, o pleno funcionamento da linguagem cancional se dá evitando saturação ou extinção das duas modalidades melódicas. Há canções que demonstram isso restabelecendo, por exemplo, um perfil passional no interior de uma configuração claramente temática. É o caso da melodia da segunda parte de *Garota de Ipanema* ("Ah, porque estou tão sozinho...") ou de *Alegria, Alegria* ("E o sol nas bancas de revista..."). Mas o entrosamento entre os dois modelos é mais profundo. Tanto as melodias temáticas quanto as passionais trazem recursos *complementares* que, por um lado, atenuam suas próprias características *centrais*, e, por outro, convocam traços do modelo oposto.

CANÇÃO E OSCILAÇÕES TENSIVAS

As recorrências próprias da concentração temática complementam-se com dois procedimentos que, já podemos dizer, atenuam o excesso reiterativo: o desdobramento melódico ou aquilo que tradicionalmente chamamos de segunda parte da canção. Mesmo reconhecendo que a função precípua desses desvios seja justamente a de criar expectativa para um retorno reconfortante à sonoridade assimilada, não se pode negar que ambos os procedimentos são portadores de diferenças e de mudanças de rota melódica e que esses traços se reportam à alteridade típica das canções passionais. Se cantarolamos o início de *Águas de Março*, logo encontramos um exemplo de desdobramento na leve mudança de rota que faz a melodia dos versos "É peroba do campo / É o nó da madeira".

Por outro lado, as descontinuidades (salto e transposição) características da expansão melódica das canções passionais também são constantemente atenuadas por evoluções graduais da melodia no espaço das alturas, seja por graus conjuntos na condução das escalas (portanto, de nota a nota), seja pela gradação, para o agudo ou para o grave, de segmentos maiores, como, por exemplo, a progressão ascendente dos motivos de *Terra*, de Caetano Veloso, ou de *Eu Sei Que Vou Te Amar*, de Jobim e Vinicius[3]. A gradação vertical segue leis melódicas que suavizam as rupturas bruscas impostas nas transposições. Os contornos vão se repetindo em faixas progressivamente mais agudas, de modo que possamos antever o que vem pela frente. Ou, nos casos mais corriqueiros, as elevações e os descensos dos tons obedecem à ordem escalar, o que, mais uma vez, contribui para a continuidade, sem percalços, da melodia. Ora, a semelhança entre os temas que ocupam gradativamente o campo vertical de tessitura, mais a progressão melódica sem salto intervalar são iden-

---

3. Luiz Tatit & Ivã Carlos Lopes, *Elos de Melodia e Letras*, pp. 29 e 141.

tidades e regras que reforçam os elos contínuos entre elementos melódicos, assim como ocorre com as recorrências horizontais, no domínio da melodia temática. Portanto, são recursos que atenuam e até minimizam os efeitos passionais das melodias "românticas".

Em resumo, a ascendência tensiva sempre se expressa pelas formas *centrais* de caracterização das canções temáticas ou passionais (ver figura acima, p. 57). Nas temáticas, essas formas podem ser localizadas na recorrência simples dos motivos e no uso do refrão. Nas passionais, nos saltos e na transposição que fazem a composição oscilar na área vertical da tessitura. Já a descendência tensiva se expressa pelas formas *complementares* das duas modalidades de canção. Nas temáticas, pelos desdobramentos e pela presença de outras partes que liberam a canção do domínio exclusivo do refrão. Nas passionais, pelos procedimentos de gradação, seja dos tons da escala, seja de motivos mais extensos.

Se projetarmos esses recursos, centrais e complementares, no esquema tensivo que vimos utilizando neste livro, teremos, para as canções temáticas, a seguinte configuração:

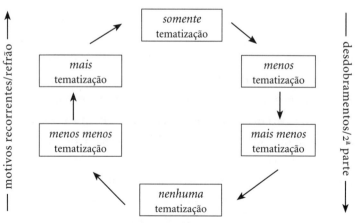

Oscilações Tensivas das Canções Temáticas.

E para as canções passionais:

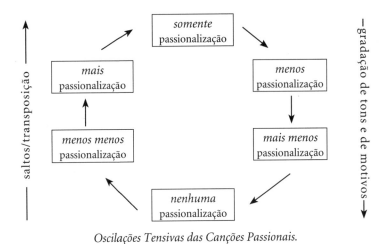

Oscilações Tensivas das Canções Passionais.

PARA CONCLUIR

Essas tendências, como vimos, são opostas sob vários aspectos. Se as canções temáticas se coadunam com o regime acelerado, com o encaminhamento horizontal e com a propensão concentrada de volta ao núcleo melódico, as canções passionais se conformam ao regime desacelerado, à exploração vertical do campo de tessitura e à expansão melódica de suas inflexões. Se aquelas destacam-se pela continuidade e identidade de seus elementos, essas pautam-se por descontinuidade e alteridade entre eles. Por isso, já é de se esperar que a ascendência dos procedimentos temáticos muitas vezes se misture com a descendência dos procedimentos passionais. Por exemplo, os motivos semelhantes que se elevam na já citada *Eu Sei Que Vou Te Amar* podem conduzir o analista a uma avaliação temática e, de fato, trata-se de temas que se reproduzem criando forte previsibilidade. Entretanto, o regime é desacelerado e o progresso, nitidamente vertical, o que torna mais plausível depreendermos aí uma forma passional atenuada, até minimizada, que se restabelecerá plenamente com os saltos intervalares da segunda parte ("E cada verso meu / Será pra te dizer"), e ainda se recrudescerá com a transposição melódica do trecho "Eu sei que vou sofrer...".

Seguindo o mesmo raciocínio, o trecho melódico também mencionado de *Águas de Março*, "É peroba do campo / É o nó da madeira", já definido como desdobramento, ou seja, atenuação da recorrência temática, pode sugerir um salto intervalar típico dos recursos centrais da melodia passional. Mas basta verificarmos que persiste o regime acelerado de base e a tendência de volta aos temas melódicos recorrentes para permanecermos no esquema das canções temáticas.

Mais uma vez, o que importa é a direção, ascendente ou descendente, que nos permite enxergar a dominância dos processos ora temáticos, ora passionais. Em ambos, a ascendência, *menos menos* e *mais mais*, se constrói com os recursos centrais, e a descendência, *menos mais* e *mais menos*, com os recursos complementares. Os que são complementares no contexto passional mantêm íntima relação com os recursos centrais do contexto temático. Do mesmo modo, os recursos complementares das canções temáticas exibem proximidade com os procedimentos centrais das canções passionais. Esses pontos comuns possibilitam que se passe de um modelo a outro com certa facilidade de manobra. Os próprios compositores se encarregam espontaneamente de dosar as intensidades, restabelecendo o que está prestes a se extinguir e atenuando o que se mostra excessivo.

CANÇÃO E OSCILAÇÕES TENSIVAS

Mas, como sempre, há experiências-limite que nos dão ideia de como seria uma canção de ascendência saturada, na qual os recursos centrais reinassem de modo absoluto. Tal canção, composta de *somente mais* num dos esquemas, poderia constar igualmente do quadro de *somente menos* do esquema oposto. Ou seja, uma canção que apresente, por exemplo, saturação temática é porque extinguiram-se seus recursos passionais, e vice-versa. Mesmo que os casos não sejam perfeitos (nunca o são), podemos pensar em duas melodias de Caetano Veloso que, ao menos, demonstram tendências ao *somente mais*. De fato, sua canção *Gilberto Misterioso*, sobre letra de Sousândrade, reproduzindo o mesmo contorno para expressar "Gil em Gendra / Em Gil Rouxinol", durante dois minutos, simula uma saturação dos recursos temáticos (ainda que, a rigor, possua uma segunda parte claramente destacada desta primeira). Outra canção, *Pulsar*, sobre letra de Augusto de Campos, exemplifica uma saturação inversa: só saltos em regime de andamento desacelerado, o que representa uma exorbitância dos recursos passionais (ainda que a repetição das mesmas notas possam configurar um restabelecimento mínimo dos procedimentos temáticos). Ambas constituem canções únicas que não servem de modelo de funcionamento espontâneo da linguagem.

Por fim, resta-nos dizer que, com as considerações lançadas neste capítulo, pensamos ter apenas iniciado o exame das oscilações tensivas que dosam tanto a presença da forma musical e da força entoativa no universo da canção, quanto os graus de ascendência e descendência dos recursos cancionais que tornam as melodias *mais* (ou *menos*) temáticas ou *mais* (ou *menos*) passionais em todo processo de composição. Pensamos, ainda, ter revelado boa parte dos processos de interação que estão na base das categorias tensivas aqui destacadas.

3. RECICLAGEM DE FALAS E MUSICALIZAÇÃO

MATÉRIA-PRIMA CANCIONAL

A participação de Paulo Vanzolini no Programa *Ensaio* (março, 1992) – produzido por Fernando Faro na TV Cultura e, mais tarde, lançado pelo Sesc São Paulo nos formatos de livro[1] e CD – é altamente sugestiva para quem pretenda refletir sobre o modo de composição dos sambistas brasileiros.

Pesquisador militante na área de Zoologia da Universidade de São Paulo, Vanzolini nunca deixou de compor seus sambas numa época em que autores e intérpretes não se confundiam. Aqueles criavam melodia e letra e as entregavam aos cantores, arranjadores e produtores que se incumbiam das etapas realmente profissionais do mundo do disco. O compositor-cientista trabalhava na universidade enquanto os executantes, com apoio das empresas de gravação, "trabalhavam" suas canções para que en-

---

1. J. C. Pelão Botezelli & Arley Pereira, *A Música Brasileira Deste Século... – 4*, pp. 170-192.

ESTIMAR CANÇÕES

trassem nas programações regulares das rádios e para que, enfim, chegassem ao público consumidor.

A total diferença entre os campos de atividade, acadêmico e musical, e a nítida consciência de que sua participação na cadeia de produção artística limitava-se à entrega do "material em estado bruto", sempre desobrigaram Vanzolini de demonstrar qualquer perícia na veiculação de suas criações. Assim, o compositor tornou-se um dos poucos autores de clássicos do nosso cancioneiro que não se constrange em apresentar suas obras nas condições em que foram compostas, despidas de arranjo instrumental e até mesmo de enquadramento rítmico e afinação melódica. Quase não leva em conta a presença dos instrumentistas normalmente destacados para acompanhá-lo nesses programas especiais. Como se pensasse: "arranjos, concepções harmônicas, rítmicas e timbrísticas não são da minha alçada".

Para a realização do programa aqui mencionado foram convidados o violeiro Adauto Santos e o ritmista Freddy. A edição final registrada no CD elege *Ronda*, na interpretação do próprio autor, como abertura aos depoimentos de vida expostos ao longo do disco e transcritos no livro citado. Adauto faz uma pequena introdução harmônica para facilitar a entrada do canto. Vanzolini capta mais ou menos a região de tessitura em que deve encaixar a voz, mas, a partir do segundo verso, já se descola do instrumento, ignorando a afinação e as marcações de compasso, e executa a composição inteira quase num só fôlego como se fosse suficiente apresentar melodia e letra da forma mais crua possível, apenas conservando as curvas entoativas de cada verso. Sente-se claramente que a coerência rítmica e harmônica entre as frases melódicas, as pausas, a métrica, enfim, os recursos de estabilização musical foram desprezados por não fazerem parte da esfera de competência do autor. O músico ali era Adauto Santos e, pelo que podemos depreender, cabia a ele "perseguir" as bruscas mudanças de tom e os descompassos executados pelo compositor. Era exatamente isso, aliás, que fazia o violeiro, oferecendo apoio na medida do possível àqueles contornos interpretados *ad libitum*.

DA ENTOAÇÃO À MELODIA

A função dos instrumentistas convidados pela produção da série *Ensaio* é justamente a de proporcionar certo grau de acabamento musical às interpretações muitas vezes improvisadas dos compositores, sobretudo dos que não fizeram carreira como artistas de palco ou de disco. A própria transmissão televisiva exige um tratamento especial não só da imagem, mas também da sonoridade exibida no programa. Se o artista em foco for, por exemplo, Paulinho da Viola, que além de compor domina com maestria o violão e o cavaquinho, ambos plenamente sintonizados com seu estilo de canto, torna-se menos relevante a presença dos instrumentistas convidados, embora possam sempre enriquecer os momentos musicais do programa. Mas quando o artista é Paulo Vanzolini, com seu perfil exclusivo de compositor, o papel dos músicos acompanhantes passa a ser decisivo. São eles os responsáveis pela integridade das canções apresentadas.

Assim, não é difícil imaginar a ansiedade vivida por Adauto Santos durante a gravação, toda vez que o autor de *Ronda* ilustrava seu depoimento cantarolando trechos de antigos sambas. Pela entoação dos versos era possível reconhecer a melodia das canções e constatar que o compositor não estava apenas recitando a letra. Ao mesmo tempo, a imprecisão rítmica e melódica das

ESTIMAR CANÇÕES

notas executadas inviabilizava qualquer atuação regular do único instrumento (a viola de cordas de aço) que poderia dar apoio musical àquelas inflexões. Como acompanhar o que já não é mais declamação, mas também não é ainda melodia estabilizada?

Depois de algumas informações autobiográficas, Vanzolini ataca o seu outro grande sucesso de rádio nos anos 1960: *Volta Por Cima*. Durante o depoimento, Adauto já vinha fazendo um fundo sonoro ritmado para garantir alguma medida musical à entrada do canto. Em vão. O compositor entoa livremente toda a primeira parte da canção e, mais uma vez, só resta ao violeiro arpejar seus acordes em alguns pontos de acentuação da própria fala. Foi então que o brio do músico falou mais alto. Antes que Vanzolini entrasse imediatamente na segunda parte ("Um homem de moral..."), Adauto intervém com sua voz cadenciada e afinada, quase impostada, repetindo toda a primeira parte, agora dentro do tempo e da tonalidade, como quem precisa salvar a execução e, em última instância, a sonoridade do programa. Só aí surge Freddy, o ritmista, que até então não encontrara espaço para introduzir sua percussão. Como felizmente a interpretação do samba não é editada, podemos surpreender o momento exato do corte feito pelo violista: ao perceber (assim como os ouvintes) que Vanzolini já havia pronunciado o "um" de "Um homem de moral", Adauto mais que depressa reinicia a canção dentro dos cânones conhecidos: "Chorei!...". E estabelece, enfim, uma baliza musical para o reconhecimento de *Volta Por Cima*, tal como foi consagrada na voz de Noite Ilustrada.

Embora não fosse essa a intenção do programa *Ensaio*, a conduta de Paulo Vanzolini em relação aos músicos acompanhantes, em especial a Adauto Santos, constitui verdadeira alegoria do nascimento do samba profissional no Brasil, nas décadas de 1920

RECICLAGEM DE FALAS E MUSICALIZAÇÃO

e 1930. Boa parte dos compositores atendia ao pedido dos cantores de prestígio, entregando-lhes sambas recém-compostos, nos quais vinham definidos os versos e seus respectivos contornos entoativos, com acabamentos mais prosódicos do que musicais. Havia sempre um maestro ou um instrumentista com experiência intermediando essa passagem e ao mesmo tempo arredondando as curvas melódicas que escapavam da tonalidade ou da quadratura do compasso. Às vezes, o próprio cantor era capaz de converter as soluções entoativas em melodias estabilizadas e, com essa ajuda, galgavam à condição de parceiro na hora do registro final da canção.

Do ponto de vista da formação musical, Paulo Vanzolini se iguala a qualquer compositor dos primórdios do samba que descia dos morros cariocas e impressionava cantores e maestros com sua imensa capacidade criadora: produziam pequenas obras cancionais a partir de... nada. Sem nenhuma pretensão musical ou literária, os chamados sambistas de primeira hora sabiam "reciclar" um material considerado tradicionalmente descartável após utilização: a fala cotidiana. Sabiam reprocessar essa substância perdida e restabelecê-la como algo ainda proveitoso no domínio da estética e do entretenimento. Ou seja, essa passagem do "nada" a alguma coisa ganhou um prestígio especial entre os cancionistas, pois era ali que se dava a "mágica" da transformação. Um nada absoluto tornava-se fenômeno apreciável e merecedor de tratamento musical, etapa decisiva para se chegar ao registro da obra em fonograma.

Se pensarmos num processo crescente que aos poucos converte as instáveis entoações da nossa linguagem cotidiana em forma musical permanente, esses compositores operavam na fase inicial do que chamamos aqui de *restabelecimento*, quando

ESTIMAR CANÇÕES

só eles, cancionistas predestinados, conseguiam identificar na massa informe dos detritos discursivos um material reciclável. Era assim que o nada perdia um pouco de sua nulidade, oscilação que a semiótica vem denominando *menos menos*[2]. O depoimento de Ismael Silva, um dos primeiros grandes autores de samba "profissional" do Brasil, sobre o seu modo de composição é nesse sentido exemplar:

> Outra pergunta sobre o samba *Antonico*. Então me perguntaram quem era ele, quem é. Não existe Antonico, não existe Nestor, não existe nada, enfim, não existe nada real na minha música, nada aconteceu, nada, nada, nada. É porque, quando eu faço samba, o primeiro passo pra se fazer uma letra de música é a ideia. De posse da ideia, que pode ser uma frase, às vezes uma frase que a gente ouve resolve tudo, uma frase interessante e tal, é só desenvolvê-la. Exemplo: uma vez eu escutei um camarada…, eu ia passando, assim, e então um velho, mas desses velhos bem-humorados que só vivem brincando, dizendo coisas engraçadas, assim, pois bem, então uma mocinha bonita falou qualquer coisa com ele, depois, quando a moça foi embora, ele virou-se pra quem estava perto e disse assim: "Como é chato a gente ser bonito!" Eu aí guardei aquela frase e pronto, já era um motivo. É assim que se faz samba, eu pelo menos faço assim[3].

Na realidade, a expressão emitida pelo "velho" ("Como é chato a gente ser bonito!") sugeriu ao compositor não apenas uma frase linguística mas também um contorno melódico, afinal, todas as frases de uma língua são pronunciadas com entoação. Dispondo desse embrião cancional, o artista pode dar continuidade ao seu trabalho em pelo menos três frentes: *1.* pela expansão da melodia expressa na frase, *2.* pela elaboração de outros segmentos

---

2. Claude Zilberberg, *Elementos de Semiótica Tensiva*, p. 59.
3. J. C. Pelão Botezelli & Arley Pereira, *A Música Brasileira deste Século… – 3*, p. 77.

linguísticos que deem um sentido global à letra ou 3. pelo desdobramento desse pequeno núcleo em outros versos igualmente melodizados. A primeira frente reúne os compositores que preferem partir da melodia (antes, a maneira de dizer, depois, o que deve ser dito). A segunda, os que partem da letra (antes, o que deve ser dito, depois, a maneira de dizer). Por fim, os que operam com a unidade melodia e letra em todas as dimensões, dos pequenos fragmentos à canção integral. Esta terceira frente era mais comum no período inicial de surgimento do samba e da marchinha carnavalesca, quando os compositores contavam com ambos os componentes para facilitar a memorização da obra: cantarolando a melodia, lembravam-se da letra; dizendo (ou lendo) os versos, recuperavam toda a linha melódica. É o que explica a forma habitual de parceria nessa época: um fazia a primeira parte e o outro, a segunda. Ambos compunham melodia e letra. Posteriormente, com a facilitação proporcionada pela gravação analógica (fitas de rolo e fitas cassete), os parceiros preferiram exercer as funções ora de letrista, ora de melodista.

Interessante observar que jamais a formação musical (ou literária) *per se* credenciou um artista para reaproveitar falas cotidianas – normalmente já utilizadas e descartadas – com o intuito de criar canções. Esse é um dom típico do cancionista. Claro que o músico, como qualquer outro falante da língua, também pode desenvolver essa aptidão, mas com consciência de que ela não decorre automaticamente do seu domínio da técnica musical. Requer outro gênero de aprendizado que, até o presente, tem sido adquirido a partir de treinamentos espontâneos ou verdadeiros exercícios (árduos ou amenos) de combinação de fragmentos da linguagem oral até encontrar um sentido completo que satisfaça o compositor.

ESTIMAR CANÇÕES

Mais interessante ainda é constatar que os músicos e arranjadores dessa fase inicial de implantação do samba já admitiam a nova profissão sem se sentirem preteridos como autores. Percebiam que o segredo de identificar "material reciclável" na fala cotidiana só era compartilhado por pessoas que se dedicavam a isso, servindo-se às vezes de um instrumento, mas principalmente de seus dons auditivos. Os maestros aguardavam pacientemente a chegada daqueles embriões de obra que lhes eram entregues para o devido tratamento musical. Só então aparavam as arestas, estabilizavam as alturas oscilantes, as divisões irrepetíveis e ainda, muitas vezes, aceitavam o desafio de passar para a partitura as antecipações e os atrasos que o compositor expressava no seu canto entoado. O resultado era uma linha melódica de fato sincopada. Tudo o que era acréscimo (enriquecimento) musical cabia ao maestro arranjador, mas tudo que se referia à extração de alguma coisa do nada, ou seja, de assuntos e modos de dizer da linguagem oral já utilizada (e descartada) cabia particularmente ao cancionista. Veremos nos próximos capítulos que, na realidade, esses compositores sabiam "inventar" contornos que pareciam extraídos ou reciclados da fala espontânea, o que garantia a força de persuasão das canções depois de prontas.

O programa *Ensaio* com Paulo Vanzolini é um retrato fiel dessa passagem da criação do cancionista para a depuração do músico. O primeiro restabelece (*menos menos*) a canção a partir da linguagem cotidiana enquanto o outro, Adauto Santos, se esforça para estabilizar a sonoridade e lhe agregar alguns recursos musicais (*mais mais*). Claro que esse processo de musicalização pode estender-se consideravelmente com o ingresso de novos timbres de maior densidade acústica e até com a escolha de um intérprete que faça da própria voz um instrumento tão preciso

RECICLAGEM DE FALAS E MUSICALIZAÇÃO

como os demais. A partir de certo ponto, porém, o recrudescimento dos valores musicais pode simplesmente ofuscar o restabelecimento melódico inicial proposto pelo compositor, numa espécie de saturação da forma musical em detrimento da expressão entoativa da canção. Nesse caso, o que se obtém em estabilidade sonora e requinte musical se perde em clareza cancional. A prevalecer a avaliação de um cancionista, certamente essa forma musical terá de ser atenuada. Vinicius de Moraes, numa crônica de 1964 dedicada à cantora Astrud Gilberto, faz-lhe um convite que exprime em linguagem direta a urgência de tal atenuação:

Que você venha logo nos ver e, nas pegadas de Elizeth, faça o Municipal vir abaixo, cantando no "sagrado recinto" sem aquele ovo na boca que em geral usam as cantoras eruditas, e que não deixa ninguém entender o que dizem. Venha e mostre que cantar é um ato natural[4].

O TRABALHO DO LETRISTA

A separação das funções de melodista e letrista tornou-se cada vez mais nítida no decorrer do século XX, à medida que os autores foram aumentando a dependência entre as composições e seus instrumentos de acompanhamento. Não se tratava mais de harmonizar e fixar uma melodia procedente da linguagem oral, mas de revelar inflexões que permaneciam nas entrelinhas da fala cotidiana e que só puderam ser deduzidas pelo auxílio providencial da sequência dos acordes dissonantes. A descoberta desses novos caminhos melódicos tornou-se constante com a chegada dos bossa-novistas, mas já se configurava claramente na produção

---

4. Vinícius de Moraes, *Samba Falado...*, p. 92.

ESTIMAR CANÇÕES

de precursores, como Johnny Alf, que se inspiravam no cool jazz norte-americano.

É bom esclarecer de imediato que essa contribuição harmônica jamais foi suficiente para dispensar a base entoativa das canções brasileiras. Ao contrário, assim que encontravam nova trajetória melódica, os autores se empenhavam em justificá-la à luz de um modo de falar convincente. Iniciava-se então a participação do letrista cuja principal habilidade era por certo a de formular frases ou expressões que, na união com a melodia, se convertessem ao mesmo tempo num *dizer* plausível e num *cantar* persuasivo. A melodia dos sambas tradicionais já nascia enraizada na linguagem oral. A melodia criada a partir da base harmônica dos instrumentos encontrava essa mesma raiz numa fase posterior, quando o letrista (que às vezes era o próprio autor do componente melódico) intervinha para desvendar as fontes entoativas implícitas na criação do melodista. A letra adequada era exatamente a que apresentava a melodia como um modo de dizer.

Em outras palavras, quando as frases melódicas criadas por um compositor resultam diretamente da forma musical – sequência harmônica, gênero predeterminado, levada rítmica etc. –, cabe ao letrista encontrar a força entoativa que dá respaldo expressivo a cada uma dessas frases. Portanto, não basta ao(s) autor(es) combinar frases verbais com frases melódicas, pois a própria combinação terá de ser cotejada com as soluções cotidianas da linguagem oral. Sem essa aptidão, o autor poderá eventualmente ser um bom poeta, mas nunca um letrista.

Vinicius de Moraes, agora em seu depoimento a Zuza Homem de Mello na década de 1960, descreve bem o trabalho do letrista que recebe a melodia de alguém que compõe com o auxílio do instrumento. No caso, ele comenta a canção *Deixa*, cuja linha melódica lhe foi enviada em gravação "caseira" por Baden Powell:

> Às vezes, o compositor já me dá uma ideia quando entrega a música. O Baden fazia muito isso: ele colocava até umas letras que não queriam dizer nada, às vezes, ali havia o germe de uma ideia. Foi o caso do *Deixa*. Ele só cantava "Deixa" e no resto, só a música. Sempre que voltava a esse pedaço ele cantava "deixa". Eu aproveitei o "deixa" dele. E a ideia do compositor em geral é certa, porque ele tem também a música das palavras: às vezes um som de música é o mesmo som de uma palavra[5].

Quando Vinicius fala de "música das palavras" pode dar a entender que se refere às unidades fonéticas, as mesmas que possibilitam o jogo das rimas, aliterações e assonâncias presente na maioria das letras. Pelo exemplo citado, porém, percebemos que o escritor se reporta aos segmentos entoativos subjacentes às expressões (como "deixa!", por exemplo) e às frases, segmentos esses que só se configuram plenamente no momento em que a letra integra-se à melodia. As continuidades melódicas, quase sempre abstratas, convertem-se então em unidades figurativas motivadas por um modo de dizer facilmente reconhecível. Às vezes, o próprio melodista, mesmo não se sentindo capaz de identificar essas unidades em caráter definitivo, já fornece ao letrista algumas pistas para o seu encontro. Pelo visto, foi o que fez Baden Powell na gravação entregue a Vinicius.

Uma mesma sequência melódica pode sugerir ao letrista diversas possibilidades de recorte figurativo (aquele que define uma unidade entoativa e a figura de alguém dizendo alguma coisa aqui e agora). Vinicius, nesse caso, depreendeu do início da

---

5. José Eduardo Homem de Mello, *Música Popular Brasileira. Entrevistas*, p. 231.

ESTIMAR CANÇÕES

melodia de Baden duas unidades entoativas independentes com o mesmo valor de conteúdo (algo como "não se preocupe"): uma unidade condensada (Deixa!) e outra expandida (Fale quem quiser falar, meu bem). Mas poderia eventualmente propor uma só unidade entoativa para expressar a mesma melodia. Se em vez de "Deixa", a letra começasse com "Falta", verbo que pede um complemento, a primeira unidade entoativa só se completaria na produção do segundo verso. Por exemplo:

Falta
Pouco tempo pra você voltar.

Teríamos, assim, um único recorte figurativo para o trecho melódico que Vinicius dividiu em dois. Ao propor uma letra, portanto, o autor não está apenas combinando sonoridade linguística com sonoridade melódica, mas sobretudo experimentando diversos tipos de recortes linguísticos para o mesmo segmento melódico, de modo a gerar diferentes efeitos figurativos. A melodia em si já traz suas frases musicais que, a partir do encontro com a letra, serão convertidas em unidades entoativas identificadas por qualquer falante da língua utilizada. Ou seja, a melodia cancional cuja criação não proceda diretamente das entoações da fala precisa reencontrá-las numa etapa seguinte, no momento de concepção da letra.

Tomemos um exemplo clássico. Ao letrar a célebre melodia, composta por Vadico, que deu origem a *Feitiço da Vila*, Noel Rosa preparou para a primeira parte da obra quatro estrofes de exaltação da Vila Isabel, todas respeitando as inflexões e as acentuações melódicas propostas pelo pianista. É fácil identificarmos nesse trabalho o cuidado habitual do letrista com a distribuição simétrica das rimas nos finais de alguns dos versos. Entretanto, o que mais interfere no sentido geral da composição é a maneira variada com que estabelece recortes linguísticos no mesmo fio melódico, criando unidades entoativas específicas para cada estrofe e efeitos figurativos igualmente peculiares. Reproduzimos aqui as referidas estrofes, mas queremos nos ater apenas na comparação dos três versos finais (em itálico) de cada uma.

Quem nasce lá na Vila
Nem sequer vacila
Ao abraçar o samba
Que faz dançar os galhos
Do arvoredo
E faz a lua nascer mais cedo

Lá, em Vila Isabel,
Quem é bacharel
Não tem medo de bamba.
São Paulo dá café,
Minas dá leite,
E a Vila Isabel dá samba

O sol da Vila é triste
Samba não assiste
Porque a gente implora:
Sol, pelo amor de Deus,
não vem agora
que as morenas vão logo embora

Eu sei tudo o que faço
sei por onde passo
paixão não me aniquila
Mas, tenho que dizer,
modéstia à parte,
meus senhores, eu sou da Vila.

ESTIMAR CANÇÕES

O trecho da primeira estrofe divide o *continuum* melódico em duas grandes unidades entoativas que descrevem a influência do samba em Via Isabel: "Que faz dançar os galhos do arvoredo" e "E faz a lua nascer mais cedo". Conforme podemos verificar na representação abaixo, Noel despreza diversas inflexões do segmento melódico de base, que poderiam ter valor entoativo, para se restringir a uma simples asseveração. Basta cantarolarmos o trecho transcrito abaixo para sentirmos que os acentos sobre as sílabas "que", "ga", "re", "lu" e "cedo" configuram uma gradação descendente, típica da inflexão afirmativa. Nesses termos, não seria absurdo considerá-lo como unidade entoativa única a serviço da descrição da Vila. Mas a letra permite que dividamos o segmento em duas etapas ainda que se reconheça a tenuidade do ponto de cisão. Com isso, obtemos frases entoativas mais factíveis do ponto de vista da extensão e valorizamos a delimitação indicada pela conjunção "e" que faz a ligação entre as unidades. Transcrevemos, assim, a melodia com suas unidades entoativas separadas pelo traço vertical[6]:

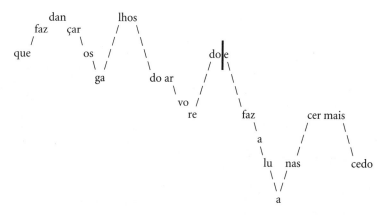

6. Esse diagrama representa o desenho melódico que conduz a letra. As barrinhas entre palavras e sílabas equivalem a intervalos de semitom entre as notas. O traço vertical representa divisão entre as unidades entoativas surgidas a partir da letra.

RECICLAGEM DE FALAS E MUSICALIZAÇÃO

O trecho da estrofe seguinte já traz um aproveitamento maior da mesma sequência melódica. Para criar um esquema comparativo entre São Paulo, Minas Gerais e Vila Isabel, o letrista subdivide a primeira parte da sequência em duas unidades entoativas: "São Paulo dá café / Minas dá leite". Isso significa que a possibilidade dessa subdivisão já estava inscrita na melodia de Vadico, embora não tenha sido explorada pelos versos da primeira estrofe. Portanto, a depender da letra proposta, ouvimos unidades entoativas diferentes que alteram o sentido geral do trecho. Daí a seguinte generalização: toda melodia de canção é um conjunto de virtualidades figurativas que podem ou não ser atualizadas pelo letrista. O encontro da letra com a melodia é sempre uma recuperação estética de modos de dizer facilmente reconhecidos pelos ouvintes, pois, afinal, são eles também falantes da mesma língua. Quanto à última unidade do trecho transcrito abaixo, se a compararmos com a sua correspondente no segmento melódico anterior, constatamos que não há mudança expressiva no seu valor entoativo:

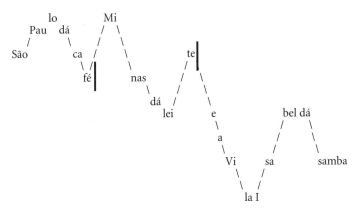

O trecho da terceira estrofe subdivide ainda mais a primeira parte do segmento melódico: "Sol / pelo amor de Deus / não venha agora".

O letrista interpretou a primeira nota como um vocativo e, portanto, como uma unidade entoativa independente dos segmentos posteriores. Note-se que isso seria impossível nas soluções de letra anteriores. O pronome relativo "que", no primeiro caso, desempenha função de sujeito e não pode, assim, ser separado do que vem a seguir ("faz dançar os galhos do arvoredo"). A partícula "São", no segundo, não completa sequer o nome próprio introduzido no verso ("São Paulo"), o que não lhe dá qualquer autonomia entoativa. A invocação de "Sol", destinatário da súplica vindoura, já nos permite identificar nessa simples nota musical isolada uma unidade entoativa completa. A seguir, o autor reserva uma das inflexões melódicas apenas para dar ênfase ("pelo amor de Deus") ao núcleo da súplica ("não venha agora"), cuja curva encerra a primeira etapa do segmento. Noel Rosa demonstra assim, voltamos a dizer, que o letrista pode depreender diferentes unidades entoativas da mesma sequência melódica. Até este ponto, o compositor extraiu da melodia inicial do trecho escolhido uma única unidade entoativa na primeira estrofe, duas unidades na segunda e três na terceira. A parte final da sequência, também até aqui, sempre correspondeu a uma só unidade:

Finalmente, no mesmo trecho melódico da quarta estrofe, o letrista conserva as três subdivisões entoativas aplicadas ao início do segmento, mas propõe ainda, pela primeira vez, uma subdivisão do segmento final. Trata-se de um aproveitamento pleno das inflexões melódicas concebidas por Vadico: 5 unidades entoativas ("Mas / tenho que dizer / modéstia à parte / meus senhores / eu sou da Vila"). Agora, em vez do vocativo, o letrista serve-se da nota inicial para estabelecer oposição com tudo que vinha dizendo no início da estrofe ("Mas"). Mantém, contudo, a independência da unidade entoativa. Em seguida, entre as unidades principais ("tenho que dizer" e "eu sou da Vila"), Noel intercala duas outras, de cunho retórico ("modéstia à parte" e "meus senhores"), justamente para esgotar as possibilidades entoativas do segmento melódico. Claro que por trás dessa profusão de unidades permanece intacta a descendência asseverativa descrita no primeiro segmento e agora sustentada pelas sílabas "mas", "zer", "par", "nho" e a palavra "Vila". Não há dúvida que tal descendência é crucial na afirmação da singularidade da Vila Isabel nos quatro segmentos comentados, mas, neste último, quando o enunciador declara sua união existencial com o local enaltecido, adquire o grau máximo de sua força assertiva:

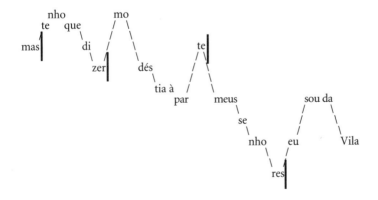

ESTIMAR CANÇÕES

É raro um exemplo como esse em que o letrista propõe quatro recortes diferentes do mesmo *continuum* melódico, quase nos explicando que sua principal missão consiste em extrair das melodias unidades entoativas até então virtuais. O sucesso da integração entre melodia e letra depende desses recortes e do seu pronto reconhecimento pelo ouvinte. A raridade do caso está realmente em podermos confrontar entre si as diversas unidades entoativas no interior de uma mesma canção, mas isso não significa que a manifestação dessas unidades seja exclusiva de *Feitiço da Vila*. Pelo contrário, trata-se de um exemplo didático do que ocorre em todo processo de criação de letra a partir de uma melodia, mesmo que o letrista quase nunca explique essas operações nos termos aqui propostos. Ser letrista é no fundo saber ouvir unidades entoativas no interior de uma criação melódica. As rimas e as assonâncias ajudam bastante, mas são recursos acessórios.

O TRABALHO DO MELODISTA

Quando a letra precede a melodia, em vez de recorte linguístico temos a "cobertura" melódica dos versos. O processo de revivescência dos modos de dizer é o mesmo e cabe ao compositor observar alguns sinais retóricos já sugeridos pelo letrista em suas pausas, pontuações e distribuição dos versos. Na hora de cobrir os segmentos linguísticos, o melodista pode enfatizar as entoações subjacentes, mas também atenuar ou até neutralizar unidades concebidas pelo letrista. Tais decisões terão efeito direto no sentido final da canção.

Como a precedência da letra é menos frequente (embora não seja rara) no domínio da canção midiática, as reflexões de peso sobre o assunto também são escassas. No campo erudito, onde é bem mais comum a criação de música a partir de textos em geral (odes, poemas líricos, libretos), surgem aqui e ali relatos de condutas que descrevem a atividade do melodista. Mário de Andrade, por exemplo, mesmo tendo como horizonte a chamada música "culta", aproxima-se bastante dessa atividade quando a formula nestes termos:

> O sistema ideal de compor canções eruditas será portanto o compositor escolhido um texto, apreendê-lo de cor e repeti-lo muitas e muitas vezes, até que esse texto se dilua, por assim dizer, num esqueleto rítmico-sonoro[7].

Para nossos fins, apenas substituiríamos "esqueleto rítmico--sonoro" por "inflexões entoativas", já que o escritor se preocupava com a "acomodação fonética" do texto na melodia e não propriamente com a manifestação das virtualidades figurativas que vimos atrás. Mas a ideia de se deixar impregnar pelo texto até que brotem as entoações virtuais retrata muito bem o trabalho criador do melodista. No âmbito popular (ou pop), Gilberto Gil comenta esse surgimento da melodia como uma das facetas decorrentes da inspiração:

> Você está deitado e pensando uma outra coisa, fazendo retrospectos do dia ou repassando a agenda provável do próximo, ou qualquer outra coisa, e aí vem uma palavra, um tema, um assunto que se enfia assim em você e blá!!! Provoca aquele jorro e, às vezes, a poesia sai assim, com aquele fio melódico que vem e você cantarola aquela canção clara, como se ela cantarolasse a si mesma, na sua cabeça e em seu coração. Sai pela voz calada, aquela voz silenciosa que fica tão nítida que você ousa cantar mesmo. [...] Às vezes, é uma canção inteira, apenas um verso ou uma estrofe toda de alguma coisa que vem assim, de chofre[8].

---

7. Mário de Andrade, *Aspectos da Música Brasileira*, p. 48.
8. Bené Fonteles, *Giluminoso: A Po.Ética do Ser*, pp. 134-135.

ESTIMAR CANÇÕES

O compositor faz alusão a certa concomitância na criação da letra e da melodia, mas podemos depreender de seu depoimento uma espécie de relação sintática segundo a qual, nesse caso, a "poesia" determina o "fio melódico" e ambos resultam na canção final ou em parte dela. Unindo as citações, ao repetir muitas vezes uma letra, o compositor acaba encontrando o fio melódico que vivifica unidades entoativas virtuais de tal modo que a nova canção parece cantarolar a si própria. Começando pelas frases musicais ou pelas expressões linguísticas, ao promover a junção desses dois componentes, os autores estão sempre em busca de um modo de dizer convincente: "[...] mas, de fato, as músicas têm sentido para mim quando eu imagino que têm algo que queira dizer a alguém", diz Nando Reis em sua entrevista ao segundo volume de *Vozes do Brasil*[9]. Portanto, a perícia do cancionista, aquela que se caracteriza por transformar o encontro da melodia com a letra em reabilitação de unidades entoativas, ou ainda, em reciclagem de falas, é sempre uma garantia de êxito tanto para letristas como para melodistas.

9. Patrícia Palumbo, *Vozes do Brasil – 2,* p. 103.

4. QUANDO A MÚSICA É "EXCESSIVA"

UNIDADES ENTOATIVAS

Quem cria canções no Brasil é em geral dotado de boa musicalidade, mas muito raramente teve oportunidade de adquirir formação musical. Com as exceções de sempre (Tom Jobim, Edu Lobo etc.), os cancionistas compõem e tocam de ouvido. Hoje, já se sabe, felizmente, que ninguém amplia ou melhora o seu repertório de canções por conhecer a técnica musical, ler partituras ou ser exímio instrumentista. O que nossos grandes compositores sabem fazer na maioria das vezes é propor relações compatíveis entre melodia e letra, destreza que poucos músicos e poucos poetas conseguem conquistar ao longo da carreira, a não ser que despendam para isso um esforço especial.

Unir melodia e letra não é apenas um ato de combinação de acentos entre frases melódicas e frases linguísticas nem de "climas" (vibrantes, melancólicos, românticos etc.) gerados por ambos os componentes. Essa união representa sempre a revela-

85

ESTIMAR CANÇÕES

ção de um terceiro elemento: o "modo de dizer". Quando uma frase ou fragmento de frase recorta o *continuum* melódico nasce o que chamamos no capítulo anterior de "unidade entoativa", cuja modulação é imediatamente reconhecida por qualquer falante da língua. Claro que essa unidade não precisa ser idêntica à que se produz no cotidiano, normalmente afeita a um campo de tessitura limitado, mas ao menos o formato de sua curva, por mais que se expanda na voz do cantor, terá que soar ao ouvinte como algo plausível e até familiar por atender às necessidades de afirmação, interrogação, dúvida, hesitação e toda a gama de estados afetivos que o ser humano expressa em suas falas diárias. É o conjunto dessas unidades entoativas[1] que constitui o modo de dizer de uma canção.

Comparemos, como exemplo, três segmentos da famosa *Sampa*, canção de Caetano Veloso dedicada à cidade de São Paulo. Iguais de um ponto de vista musical, esses momentos citados abaixo comportam uma melodia vocal que sustenta praticamente a mesma nota (com variações harmônicas) e uma letra que se incumbe de recortar diferentes unidades entoativas, aqui separadas por barras:

1. Ainda não havia para mim Rita Lee / A tua mais completa tradução

2. E foste um difícil começo / Afasto o que não conheço / E quem vem de outro sonho feliz de cidade

3. Pan-Américas de Áfricas utópicas / túmulo do samba / Mas possível novo quilombo de Zumbi.

---

1. Luiz Tatit & Ivã Carlos Lopes, *Elos de Melodia e Letra*, p. 53.

Basta cantarolarmos a conhecida melodia que conduz esses versos e observaremos que, dentro da mesma ideia musical, o letrista propôs duas unidades entoativas para o primeiro caso e três, para os dois outros. Não há similaridade métrica nem coincidência acentual entre as versões, porém, pelas divisões frasais, conseguimos identificar as inflexões prosódicas de cada fragmento de fala instituído como melodia final da canção. Uma avaliação mais rigorosa do terceiro caso ainda poderia subdividir a primeira unidade em três outras se levasse em conta a enumeração de proparoxítonas terminadas em "-icas": "Pan-Américas / de Áfricas / utópicas". Mas nosso objetivo neste capítulo é apenas demonstrar que o sentido de uma canção depende imensamente desse efeito figurativo, ou seja, dessa impressão de que as inflexões cantadas poderiam ser ditas sem muita variação de contorno.

É comum também haver simetria entre as unidades entoativas extraídas do mesmo material melódico. A decisão fica a cargo do letrista. De todo modo, a simples existência dessas unidades dando amparo figurativo a todas as canções já é um sinal de predominância do pensamento cancional sobre o pensamento musical. Boa parte dos primeiros sambistas brasileiros das décadas de 1920 e 1930 sequer fazia uso de instrumentos harmônicos para compor. Com o apoio de uma percussão rudimentar, esses autores só contavam com a própria entoação vocal para conceber seus motivos melódicos que, à custa de muita repetição, iam se estabilizando e se "alojando" na memória até que a composição fosse definitivamente registrada por meios mecânicos ou elétricos. Essa conversão da força entoativa em forma musical jamais perdia a prosódia de origem, por mais que os arranjos orquestrais e mesmo as interpretações vocais incorporassem fraseados e clichês típicos da linguagem musical. Foi só com a chegada da bos-

ESTIMAR CANÇÕES

sa nova que algumas poucas tendências artísticas fizeram desse processo natural de musicalização um meio para eclipsar a base entoativa da canção e, consequentemente, nivelar o canto aos demais timbres do arranjo final. É nesse sentido que se pode dizer que às vezes temos excesso musical.

ABSTRAÇÃO SONORA

A hegemonia das canções geradas a partir de instrumentos, normalmente o violão ou o piano, proporcionou ao repertório brasileiro diversas formas de tratamento melódico, entre as quais destaca-se o recrudescimento das soluções puramente musicais. O aprimoramento técnico dos autores e intérpretes ao longo dos anos 1940 e 1950, sob a inspiração dos esquemas jazzísticos cultivados nos EUA, levou a certa abstração sonora que, por vezes, mais escondia que manifestava as entoações subjacentes. A força da produção instrumental na música popular norte-americana, quase equiparável ao vigor da sua também extraordinária criação cancional, sugeria que a modernização da estética sonora dependia especialmente de um avanço no plano da forma musical. O convívio assíduo que seus artistas mantinham com músicos eruditos europeus, conservadores ou vanguardistas, reforçava ainda mais essa tendência. Mesmo exibindo uma realidade histórica e cultural bem diferente, os artistas brasileiros não podiam deixar de absorver parte daquela exuberância musical que se propagava pelos discos bem gravados e pelo irresistível cinema norte-americano. O auge dessa influência pode ser observado na obra de alguns bossa-novistas (Johnny Alf, João Donato, Luiz Bonfá etc.), já que os representantes centrais do movimento (Tom Jobim, Carlos Lyra, Roberto Menescal etc.) promoveram a imediata integração dos novos recursos musicais numa linguagem francamente cancional.

88

QUANDO A MÚSICA É "EXCESSIVA"

João Donato passou anos compondo temas musicais para piano e outros instrumentos à maneira jazzística sem se preocupar com letras que tornassem seus motivos menos abstratos. Embora boa parte de suas peças não escondesse a vocação cancional, só na década de 1970 o autor concedeu parcerias regulares a letristas, como Caetano Veloso e Gilberto Gil, e sua obra pôde então chegar a um público mais amplo. Na verdade, embora realizasse um excelente trabalho no âmbito da música instrumental, Donato sempre frequentou as fileiras da bossa nova em que circulavam sobretudo compositores de canção. Era quase inevitável que em algum momento se associasse aos letristas que já ouviam em suas melodias as chamadas unidades entoativas virtuais. Tudo ocorre como se na música popular brasileira houvesse um limite para a exploração abstrata da forma musical. Ultrapassá-lo pode significar a ruptura com o mundo da canção, algo relativamente comum entre os compositores atraídos pelo jazz norte-americano, por uma carreira no exterior ou simplesmente pela utilização livre do vasto universo da sonoridade. Mas pode significar ao mesmo tempo um distanciamento da imensa maioria dos ouvintes brasileiros. Os que não veem vantagem nessa última consequência optam claramente por sacrificar algumas soluções musicais em benefício da recuperação dos efeitos figurativos. Submeter a melodia ao recorte de uma letra é sem dúvida o primeiro passo nessa direção. Assim fez João Donato: permitiu que seus temas melódicos se transformassem também em unidades entoativas passíveis de interpretação vocal.

Entre bossa-novistas "jazzísticos" houve ainda os que se especializaram em canções, mas não se contentavam em executá-las no padrão em que foram compostas. Sentiam necessidade de introduzir pequenos "improvisos" vocais, como se o canto fosse

89

apenas um dos instrumentos que integram o arranjo musical. Nesse caso, as unidades entoativas já se encontravam definidas na relação entre melodia e letra, mas o compositor (ou o intérprete) imaginava que a canção se tornaria "mais musical" se introduzisse alguns melismas toda vez que a duração silábica permitisse ou, ainda, se repetisse as frases melódicas com antecipações ou retardos rítmicos. Johnny Alf, por exemplo, jamais retomava a primeira parte de suas canções sem acrescentar ornamentos vocais que realçassem a dissonância dos acordes empregados. No início dos anos 1960, os cantores Miltinho e Elza Soares esmeravam-se em exibir novas divisões rítmicas, deslocando fraseados de sambas conhecidos e deixando nesses improvisos alguns sinais da maestria do jazz. Pouco depois, Wilson Simonal popularizou esses recursos ao mostrar que canções singelas, como *Meu Limão, Meu Limoeiro*, poderiam ganhar *swing* ou "molho" (ou ainda *champignon*) se incorporassem tais adições musicais. Outros intérpretes, de Elis Regina a Ed Motta, sempre temperaram seu canto com melismas, decalagens e vocalises ("padabadá") que deveriam, por influência da música popular norte-americana, enriquecer nossa "simplicidade" cancional.

O GESTO FIGURATIVO DA BOSSA NOVA

Interessante observar, por outro lado, que artistas centrais da bossa nova, como João Gilberto, Tom Jobim e Carlos Lyra, igualmente formados na escuta do jazz, traduziram de outro modo essa mesma influência. Trouxeram a harmonia dissonante para o âmago da criação melódica, mas nunca nivelaram o canto aos demais instrumentos nem seguiram outras matrizes rítmicas que não fossem as sugeridas pelo samba. Além disso, dispensaram as

QUANDO A MÚSICA É "EXCESSIVA"

práticas do improviso como se vissem nelas certa descaracterização da canção interpretada. O que estava em jogo, no fundo, era um maior ou menor afastamento das unidades entoativas que dão vida figurativa (e não apenas abstrata) à interpretação. Havendo melodia e letra estamos no interior do universo da canção, mas, durante as execuções, podemos identificar soluções que prestigiam a configuração das entoações até então virtuais e soluções que recrudescem a participação musical. Os melismas de Johnny Alf, por exemplo, aumentam o teor musical de suas interpretações, ao mesmo tempo que chegam às vezes a desfigurar a "maneira de dizer" subjacente às frases melódicas. As variações rítmicas dos fraseados de Elza Soares também se afastam das unidades entoativas originais da composição, mas muitas vezes criam outras unidades, outras maneiras de dizer, que ampliam a eloquência da obra. É quando as adições musicais contribuem para a formação de unidades entoativas não previstas pelo compositor. De qualquer forma, afastando-se ou não das inflexões que configuram o modo de dizer da criação original, todos esses artistas praticam a linguagem da canção, alguns concebendo a voz como um naipe, uma sonoridade que contracena com os demais instrumentos independentemente de suas mensagens verbais, outros, ao contrário, elegendo a voz como o único meio para se chegar à "melodia embrionária"[2] existente em todas as línguas e que permite a seus falantes que já se expressem com entoação. Nesse último caso, as curvas melódicas do canto jamais perdem sintonia com o que está sendo dito na letra. Claro que as interpretações específicas misturam ambas as tendências, mostrando que o leque das dicções é amplo, elástico, e que a fecundidade da canção depende justamente dessa abrangência dos diferentes estilos.

2. Bruno Kiefer, *Elementos da Linguagem Musical*, p. 44.

ESTIMAR CANÇÕES

Mas há, como já dissemos, um limite. O "excesso" musical pode fazer com que a obra se desconecte do campo da canção. Isso não afeta em nada o valor da criação, mas pede outros critérios de apreciação do sentido construído. Claro que do ponto de vista cancional a ausência da letra já representa certa incompletude facilmente constatável pelo ouvinte: as unidades entoativas permanecem indefinidas, quase que solicitando a parceria de eventuais letristas. A melodia de *Carinhoso* (Pixinguinha), que desfrutou anos de vida instrumental antes de receber os versos de João de Barro, é um caso bastante conhecido. Suas inflexões prosódicas, ainda que virtuais, nunca esconderam a vocação cancional. Já comentamos o caso de João Donato que, por muito tempo, também dissimulou as modulações entoativas sob os temas musicais. João Gilberto mantém intacta até hoje a melodia de *Acapulco*, uma de suas raras composições, no estilo vocalise, sem se preocupar em definir a letra que sempre pareceu estar na ponta da língua do intérprete. E, por razões conhecidas, ninguém ousou lhe propor parceria. Todos esses casos, porém, mesmo enquanto as melodias permanecem sem letras, estão longe de apresentar o tal excesso musical que faz com que a obra se desprenda do universo cancional por falta de vínculo com uma prosódia possível.

Tudo leva a crer que o excesso musical se faz sentir no momento em que a voz é nivelada aos demais instrumentos na busca de uma sonoridade homogênea. Essa conquista interessa ao músico mas pouco satisfaz o cancionista. Mesmo desativando os conteúdos verbais do canto, João Gilberto interpreta *Acapulco* com uma linha melódica altamente entoativa como se a oferecesse aos recortes de um letrista. Não deixa nenhuma dúvida quanto ao naipe que conduz as inflexões principais da música. Por mais que preze os recursos

92

musicais de suas obras, o cantor baiano sempre os mantém a serviço da interpretação vocal. Essa hierarquização intuitiva dos timbres que integram uma composição define o pensamento do cancionista e o distingue do enfoque meramente musical. Voz é voz:

> As significações linguísticas, de todo modo, mantêm sua presença no interior da música. Aliás, na medida em que a voz é para o homem, antes de tudo, o órgão da fala, no momento em que ela se manifesta na música, a linguagem [oral] em si está presente, mesmo que o canto se converta em puros melismas e mesmo que o texto se torne totalmente incompreensível. Assim, os esteticistas deveriam atribuir mais importância ao fato de que jamais, por assim dizer, a música vocal poderia prescindir do suporte das palavras: parece-nos impossível ver na voz um instrumento como os demais[3].

Interessante observar que essas quantificações subjetivas – que nos permitem falar em *"mais* música", *"menos* música", *"mais* fala", *"menos* fala" – estão arraigadas na prática do cancionista e do músico, ainda que em geral não façam parte de seus argumentos sobre a própria atividade. O recrudescimento musical promovido por um multi-instrumentista como Egberto Gismonti pode soar como evolução no campo sonoro justamente por tratar a voz como elemento acessório em sua vasta concepção instrumental. Mesmo admirando toda essa exuberância acústica, o cancionista dificilmente a integraria em suas composições, em seus discos, pois sente que tal intervenção mais oculta que revela os sentidos produzidos pelo encontro da melodia com a letra. Prefere criar um arranjo muito mais simples do ponto de vista musical, mas que esteja visceralmente comprometido com a valorização da linha do canto. É dessa perspectiva que pode-

---

3. Nicolas Ruwet, *Langage, Musique, Poésie*, p. 52 (tradução nossa).

ESTIMAR CANÇÕES

mos falar em "excesso musical", ou seja, a partir de certo nível de recrudescimento, a música resultante já não serve mais à canção e, portanto, deve ser avaliada sob outros parâmetros artísticos. Nem sempre os próprios criadores estão dispostos a teorizar sobre essa transposição de limite entre as linguagens, mas não faltam atitudes e depoimentos de toda ordem que demonstram haver uma espécie de consciência prática dessas esferas de ação. Gismonti já declarou com humor que "para felicidade geral, eu parei de fazer letras [...]"[4].

A partir de certo *quantum* musical o artista realmente passa para outra faixa de criação na qual se dirige a destinatários que, como ele, só aproveitam da voz (quando utilizada) a qualidade timbrística e as articulações fonéticas sem qualquer interesse pelos conteúdos de suas palavras ou frases[5].

Configura-se então o pensamento musical, de longa tradição no que conhecemos como música erudita, mas também característico da trilha musical (para dança, teatro, cinema etc.) e da música popular instrumental com suas práticas de improviso. Essa delimitação subjetiva (a única que interessa pois traduz a competência e o sentimento do artista no seu campo de atuação), embora possa parecer imprópria nesta era de multiplicação das interfaces que juntam as mais distintas manifes-

---

4. *Nova História da Música Popular Brasileira*, p. 6.

5. Essa falta de interesse pelas informações verbais se manifesta até no uso de regiões acústicas pouco favoráveis à intelecção da letra: "Quando evolui por todo o campo de tessitura que pode abarcar, a melodia do canto contribui para diminuir o sentido dos fonemas pronunciados. Ao ser cantado do grave ao agudo, a discriminação dos formantes frequenciais de uma vogal é ainda possível enquanto a fundamental laríngea do cantor permanecer em média numa região inferior a 800 Hz, mas nas zonas superagudas, torna-se muito difícil distinguir um *a* de um *i*. Essa sonoridade passa a ser exclusivamente musical; já não mais possui significação linguística precisa, qualquer que seja o argumento do libreto que a contenha" (Claude-Henri Chouard, *L'Oreille Musicienne...*, p. 126).

QUANDO A MÚSICA É "EXCESSIVA"

tações artísticas e culturais, ajuda-nos a compreender melhor
o empenho dos cancionistas em aprimorar as obras que privi-
legiam o canto, escolhendo minuciosamente as sonoridades e
os recursos eletrônicos que afloram com mais eficácia o modo
de dizer do intérprete. Mesmo quando se nutrem de elabora-
ções tipicamente musicais, como o fizeram Jobim, Lyra e João
Gilberto, esses artistas jamais perdem o horizonte do "dizer",
expresso pelas unidades entoativas.

Isso explica muita coisa. Os músicos perguntam-se muitas
vezes por que o núcleo principal da bossa nova não explorou a
fundo em seus discos a complexidade harmônica e as práticas do
improviso do jazz ou ainda por que não nivelou a voz aos demais
instrumentos das peças musicais. Indagam, também, por que os
tropicalistas não foram além das misturas de gêneros e das reno-
vações no âmbito da letra, como se o destino natural do tonalismo
fosse desembocar na música atonal, politonal, serial, eletroacústica
ou mesmo aleatória. Ora, essa é uma confusão muito frequente
entre os que inserem a canção no campo musical. Fazer da voz um
instrumento ou produzir melodias atonais podem até constituir
experiências únicas no universo da canção, mas são atos isolados
que pouco contribuem para o que é substancial nessa linguagem:
modular uma letra com a voz. É justamente para cumprir esse ob-
jetivo essencial que os cancionistas se apoderam dos recursos mu-
sicais e se servem dos avanços eletrônicos de ponta.

SATURAÇÃO MUSICAL

Egberto Gismonti e Hermeto Paschoal são casos exemplares
de artistas brasileiros inventivos que transitaram (ou transitam)
pela canção, mas pouco se identificam (ou até se incomodam)

95

ESTIMAR CANÇÕES

com sua tradição de supremacia vocal. Ao ver de um cancionista típico, eles são "demasiadamente" músicos, a ponto de poderem sacrificar a intelecção dos conteúdos verbais em nome da sonoridade geral. São sempre admirados como criadores, mas raramente convidados para arranjos e colaborações em álbuns dos cantores midiáticos. Há muito já ultrapassaram o limite em que a música contribui para a eficácia e o encanto da canção. Ingressaram no universo musical e dialogam tanto com as formas progressivas do jazz norte-americano quanto com as vanguardas da música erudita de origem europeia, além de jamais descuidarem de suas bagagens rítmicas inspiradas na tradição afro-brasileira. Essa opção pela sonoridade acima de tudo não é característica de todos os músicos que frequentam o mundo da canção. Edu Lobo e Tom Jobim também tiveram formação musical, mas em pouquíssimas ocasiões desprezaram a letra ou desconsideraram a base entoativa de suas obras.

As canções saturadas de elementos musicais equivalem às peças eruditas que absorvem a voz como um timbre instrumental. Diversos *Lieder*, diversas árias operísticas ou canções de linhagem "culta" revelam o esforço dos compositores para que o naipe vocal traduza apenas o pensamento musical e se desvincule de qualquer figura entoativa. Nessa tradição europeia não importa sequer a inteligibilidade do texto que, aliás, se transforma em ruídos fônicos distantes de seus significados linguísticos. Um aspecto sintomático dessas canções é justamente a precedência cronológica do libreto, cujos enunciados jamais se integram de fato às inflexões melódicas (no caso da canção de consumo, a precedência da melodia é mais habitual). Tudo indica que o texto serve mais de roteiro narrativo ou de temática geral para a criação da obra musical do que de orientação para o modo de compor as curvas do canto. Não faltam autores

96

QUANDO A MÚSICA É "EXCESSIVA"

mais radicais que até mesmo recomendam o distanciamento da linguagem oral como meio para se atingir uma música literalmente mais "elevada"[6].

Nunca é demais lembrar que apontamos aqui tendências e prevalências, úteis para a compreensão das áreas de conteúdo engendradas pelas linguagens musical e cancional, e não uma classificação das condutas artísticas que raramente se fecham numa só orientação. Há intérpretes de canção midiática, sobretudo no âmbito jazzístico, que acumulam experiências com a voz-instrumento. A carioca Leny Andrade, talvez por sua afinidade com a música popular norte-americana, já dedicou diversas faixas de seus discos a esses solos-vocalise. *Clichê*, da dupla Maurício Einhom e Durval Ferreira, é um bom exemplo. Por outro lado, há compositores eruditos, com alto refinamento musical, que não escondem as modulações entoativas de suas canções. O austríaco Franz Schubert, rei dos *Lieder* do início do século XIX, fez canções que até hoje incitam letristas de outras nacionalidades a traduzir ou adaptar seu texto original, propondo unidades entoativas de acordo com a língua local. Só no Brasil, sua famosa *Serenata* já ganhou duas adaptações: uma de Renê Bittencourt no final dos anos 1950 e outra de Arthur Nestrovski em 2011[7].

---

6. O influente tratado estético, *Do Belo Musical*, escrito por Eduard Hanslick em meados do século XIX, diz isso com todas as letras: "A música jamais pode 'alçar-se à linguagem' [oral] – baixar, seria mais próprio dizer, sob o ponto de vista musical –, porque, evidentemente, a música deveria ser uma linguagem mais elevada. Disso também se esquecem nossos cantores, os quais, nos momentos de maior efusão sentimental, emitem palavras ou frases inteiras 'falando' e acreditam ter dado o máximo de elevação à música. Não se dão conta de que a passagem do cantar para o falar é sempre um abaixamento, assim como o mais alto som normal falado é sempre mais baixo do que a mais baixa nota cantada pelo mesmo órgão" (Eduard Hanslick, *Do Belo Musical...*, p. 88).

7. Esta última está do álbum *Indivisível*, lançado por Zé Miguel Wisnik em 2011.

ESTIMAR CANÇÕES

De todo modo, a boa vizinhança entre música e canção não chega a confundir os campos de ação, visto que um grande músico só excepcionalmente está apto a fazer uma bela canção e quando isso ocorre é à custa de muito exercício composicional. Já se sabe há mais tempo que um bom cancionista também está longe de ser bem-sucedido na concepção, por exemplo, de uma peça sinfônica, salvo se abraçar de vez a causa musical. A mesma correlação pode ser feita no domínio das palavras. Embora haja identidades inegáveis entre poemas escritos e letras de canção, o poeta jamais se torna automaticamente um bom letrista e vice--versa. São áreas que exigem habilitação própria. Nos termos de Arnaldo Antunes:

> A gente vê muito músico instrumentista que tem um talento absoluto no instrumento, mas que é totalmente primário na hora de fazer canção, porque canção é outra história, é um desenvolvimento e um tipo de adequação da linguagem verbal à musical. Assim como também há muita gente que é craque em poema escrito, mas que na hora de fazer letra de música não consegue uma coisa que funcione direito. Não adianta você saber muito só de poesia ou só de música instrumental se não tem esse exercício de conjugar uma coisa a outra. É engraçado isso. Às vezes, uma letra muito mais banal pode dar numa canção muito mais interessante do que uma letra hipersofisticada que foi musicada inadequadamente e não convence[8].

A conexão entre os domínios musical e cancional na produção de consumo é em geral estabelecida por arranjadores e instrumentistas, raramente por compositores e cantores. Se o pensamento instrumental prevalece a ponto de diminuir a importância da linha do canto estamos ingressando francamente no território

8. Patrícia Palumbo, *Vozes do Brasil – 1*, p. 114.

QUANDO A MÚSICA É "EXCESSIVA"

musical onde tanto a tradição quanto os critérios de apreciação seguem outros fundamentos. É o instante em que o cancionista típico procura atenuar a intervenção musical em nome da clareza figurativa de suas inflexões melódicas e do seu modo particular de dizer a letra.

5. O "CÁLCULO" SUBJETIVO
DOS CANCIONISTAS

Como já vimos no terceiro capítulo deste estudo, no início da era do rádio e da gravação de discos, os compositores brasileiros concebiam o seu trabalho como verdadeira reciclagem de falas. Essas mesmas que usamos e descartamos todos os dias eram por eles reconstituídas e preparadas para durar mais tempo em forma de canção. Tal preparação consistia em reaproveitar as direções melódicas sugeridas pela entoação efêmera que acompanha nossas conversas diárias e estabilizá-las com recursos musicais: ampliação de tessitura, definição das alturas e durações, harmonização, caracterização de compassos, tonalidade, andamento etc. Era comum que os músicos de fato ou os maestros só entrassem nessa última fase para finalizar a obra, elaborar o arranjo instrumental e obter a gravação definitiva.

Essa dependência inicial da fala fazia com que todos os fragmentos da composição já tivessem em geral melodia e letra. A busca de parceiros representava a necessidade de alongar a canção com outros fragmentos que também já tivessem versos en-

ESTIMAR CANÇÕES

toados. Por isso, era prática habitual um compositor entregar ao seu colega uma parte da obra esperando que ele criasse uma segunda parte, ambas com melodia e letra. Já havia, como hoje, a parceria entre melodistas e letristas, mas não era a regra. Sem um real convívio com as técnicas musicais e literárias, nossos primeiros cancionistas preferiam ter como matéria-prima as frases já melodizadas da linguagem oral.

Ao longo da década de 1950, a figura do melodista, como alguém que compõe manejando bem o seu instrumento, ganhou um destaque especial na produção de nossas canções. Influenciados pelos musicais cinematográficos e, sobretudo, pela força do jazz norte-americano, os compositores instrumentistas começaram a se encarregar de todo o tratamento musical de suas melodias e, só quando as consideravam concluídas, passavam para a etapa de criação das letras. Às vezes, eles próprios se ocupavam da nova fase, outras, convocavam seus amigos letristas. Os cancionistas da bossa nova consolidaram de vez esse modo de compor que dependia diretamente do aumento expressivo da competência instrumental dos compositores e do esmero com que elaboravam a linha melódica antes de entregá-la aos cuidados do parceiro.

Claro que os dois modelos de composição sempre coexistiram na história da canção. No mesmo ano (1962) em que Carlos Lyra lançava *Influência do Jazz*, denunciando (e ironizando) sua fonte de inspiração para o novo tratamento melódico, Noite Ilustrada alcançava enorme sucesso com o samba *Volta por Cima*, de Paulo Vanzolini, cuja criação era nitidamente fundada nos contornos da fala, como qualquer samba dos anos 1930. O primeiro compositor extraía a melodia da harmonia e do suingue do violão. O outro mal sabia segurar seu instrumento, mas se virava muito bem com as entoações impregnadas na própria

102

O "CÁLCULO" SUBJETIVO DOS CANCIONISTAS

fala. Quase na mesma ocasião, Baden Powell, violonista notável, propunha uma melodia semierudita (à maneira de Villa-Lobos) para que Vinicius de Moraes pusesse letra. O resultado foi *Samba em Prelúdio*, canção romântica claramente regida por diretrizes musicais que, no final, soavam atenuadas pelas frases amorosas e coloquiais do grande letrista. Esse incremento dos recursos musicais convivia com a radicalização dos efeitos figurativos, ou seja, com reciclagens de fala pura na criação de canções, como é o caso de *Deixa Isso Pra Lá* (Alberto Paz e Edson Menezes), outro grande sucesso nacional lançado em 1964 por Jair Rodrigues. Originalmente muito simples, esse samba ganhou importância com o passar do tempo pela presença explícita da linguagem oral em seu desenvolvimento "melódico", antecipando características que só seriam ouvidas bem mais tarde com a chegada do rap no país.

ESTABILIZAÇÃO MUSICAL E UNIDADES ENTOATIVAS

É esperado que compositores com mais recursos técnicos e mais desenvoltura em seus instrumentos deem preferência à elaboração musical de suas canções, mas nem sempre essa tendência esteve associada à perícia manual do artista. O progresso contínuo das formas de gravação em estúdio no final do século passado e a revolução digital no primeiro decênio deste transferiram boa parte da habilidade motora dos músicos para os novos programas eletrônicos que independem do esforço físico repetitivo adotado pelos antigos executantes. Ainda nos anos 1990, Renato Russo já dizia: "Aprendemos a usar o estúdio como um instrumento"[1]. De fato, os cancionistas do rock também de-

---

1. Carlos Leoni Rodrigues Siqueira Jr., *Letra, Música e Outras Conversas*, p. 91.

ESTIMAR CANÇÕES

monstravam especial interesse pelas soluções musicais antes de se concentrarem na criação da letra. O depoimento do mesmo Renato Russo ao compositor Leoni mostra bem como se tornou a feitura de canção nas últimas décadas:

> Basicamente a gente trabalha da seguinte maneira: O Bonfá começa um ritmo, aí a gente inventa uma linha de baixo qualquer, em cima da linha de baixo, como a guitarra demora para ser arranjada, eu tenho uma ideia de teclado e já vou fazendo e encaixando [...] e a letra é a última coisa[2].

Hoje sabemos que a convivência dos dois modelos de composição é perene no cancioneiro nacional, mas o que pretendemos destacar é outra coisa. Começando por reciclagens de falas, à maneira de Vanzolini, ou por elaborações melódico-musicais, à maneira da bossa nova ou dos roqueiros citados, há sempre um momento na confecção da obra em que ambas as vertentes se encontram para configurar a canção, ou seja, em que a instabilidade entoativa se musicaliza para não mais se diluir em fala cotidiana e em que as frases musicais se convertem em unidades entoativas (ou figurativas), pela ação necessária do recorte linguístico.

Não é difícil demonstrar que as canções-rap se ancoram na inconstância das figuras locutivas[3], mas, a partir daí, revelam uma busca incessante de estabilidade musical, quer na criação de motivos temáticos que ajudam na explicitação dos tempos fortes dos

---

2. *Idem*, p. 81.

3. As figuras locutivas são representações do nosso modo de dizer os conteúdos na vida cotidiana: frases linguísticas conduzidas por entoações não afinadas. Quanto mais próxima do universo da fala, mais a canção se mostra adequada para exprimir mensagens referenciais (sobre fatos da vida, condições sociais, contextos históricos etc.). Quanto menos alongamento das vogais do canto, menos espaço para os sentimentos íntimos do intérprete.

O "CÁLCULO" SUBJETIVO DOS CANCIONISTAS

compassos, quer na produção obsessiva de rimas e assonâncias que propiciem a fixação de alguma regularidade para o canto. Por outro lado, as composições que procedem das linhas instrumentais só se completam quando revelam suas unidades entoativas subjacentes, ou seja, quando suas frases melódicas passam a ser também modos de dizer. Vejamos um exemplo desse último caso.

A conhecida canção *Ainda É Cedo*, lançada pela banda Legião Urbana, foi composta nos anos 1980 por Dado Villa-Lobos, Renato Russo, Marcelo Bonfá e Ico Ouro-Preto. Sua criação deve ter seguido um roteiro próximo ao descrito acima por seu líder. Assim, depois de concluída a melodia com suas bases instrumentais, os autores (especialmente Renato Russo) passaram a transformar as frases melódicas (notas musicais) em unidades entoativas (contornos vocais) que indicam o "dizer" do canto. É próprio da melodia entoativa adquirir um compromisso direto com a emissão e o corpo do intérprete, o que assinala a diferença essencial entre tocar e cantar. Claro que esse cantar só se completa quando podemos entender também os signos pronunciados pelo intérprete. Um simples solfejo ou mesmo um vocalise[4] poderiam fazer a voz se aproximar da função instrumental sem estabelecer o vínculo entre as inflexões melódicas e a cena (subjetiva ou objetiva) relatada, mas não é esse o caso. Em *Ainda É Cedo* temos um canto pleno com frases melódicas já convertidas em unidades entoativas: "Uma menina me ensinou / Quase tudo que eu sei...".

É comum que as frases melódicas, em sua maioria, correspondam às unidades entoativas, mas nem sempre os autores

---

4. A rigor, esse seria igualmente o caso do canto em língua estrangeira, quando o ouvinte não domina o idioma do intérprete. Acontece que, nessa circunstância, os cantores mantêm um vínculo afetivo – inexistente no solfejo – com os conteúdos de sua língua natural de tal sorte que as unidades entoativas quase podem ser deduzidas pelos receptores.

mantêm essa regularidade. O início de duas estrofes dessa mesma canção, com frases melódicas idênticas, pode nos ajudar a compreender como se criam unidades entoativas diferentes a partir do mesmo perfil melódico, como já fizemos com *Feitiço da Vila*. Na primeira vez, as duas frases melódicas, quando letradas ("Ela também estava perdida / E por isso se agarrava em mim também"), correspondem igualmente a duas unidades entoativas:

Desenho Melódico de Ainda É Cedo *– 13º e 14º Versos.*

No entanto, ao criar a letra para o retorno da mesma melodia ("Ela falou você tem medo / Aí eu disse quem tem medo é você"), os autores, em vez de duas, isolam quatro unidades entoativas fazendo uso de simples operações enunciativas que modulam linguagens indiretas e diretas: *1.* "Ela falou", sujeito em terceira pessoa, no passado, ou seja, o eu-lírico se reporta à fala de um outro ocorrida num tempo distante; *2.* "você tem medo", sujeito em primeira pessoa (só o "eu" pode se dirigir a "você", pronome com função de "tu" na nossa língua) dizendo, no presente, o que o outro teria dito no passado; *3.* "Aí eu disse", sujeito em primeira pessoa, mas se referindo ao que disse no passado; *4.* "quem tem medo é você", sujeito em primeira pessoa dizendo, no presente, o que ele próprio teria dito no passado:

O "CÁLCULO" SUBJETIVO DOS CANCIONISTAS

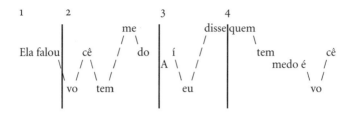

Desenho Melódico de Ainda É Cedo – *29º e 30º Versos.*

Esses recursos enunciativos, habituais na literatura ou em qualquer manifestação da linguagem verbal, tomam vulto especial no universo da canção em virtude do encanto irresistível da voz. Tudo que é cantado se torna também um modo de dizer atual. Ao pronunciar "você tem medo" dentro da melodia proposta, o intérprete está reproduzindo, no instante em que canta, a curva entoativa executada pela personagem (ela, a menina) em outra ocasião. Da mesma forma, ao replicar "quem tem medo é você", refaz a curva que o próprio "eu" teria flexionado para dizer a frase em tempos atrás. Nos dois casos, as curvas são refeitas aqui e agora pela voz do cantor, de tal maneira que os sentimentos a elas associados parecem reviver na voz e interpretação de quem canta.

Esses recursos nos ajudam ainda a compreender a natureza da unidade entoativa. Se compararmos esses quatro segmentos com os dois do diagrama anterior, veremos que as curvas (2ª e 4ª) identificadas com o diálogo mantido pelo casal ("você tem medo" e "quem tem medo é você"), não são audíveis como tais no primeiro diagrama, já que lá não podem ser isoladas dos seus segmentos anteriores. Em função da letra composta, só podemos considerar como unidades entoativas os dois segmentos integrais: "Ela também estava perdida / E por isso se agarrava em mim também". Portanto, os contornos das frases melódicas possuem

ESTIMAR CANÇÕES

unidades entoativas virtuais que poderão ser ignoradas ou, ao contrário, salientadas pelo letrista. Seja como for, importa-nos o fato de que as canções geradas por manobras musicais produzem unidades entoativas tanto quanto as que provêm diretamente da fala, com a diferença que aquelas só definem suas unidades depois do recorte linguístico. Se pensarmos no caso extremo já citado da composição de *Carinhoso*, cuja melodia havia sido composta por Pixinguinha em 1917, podemos dizer que suas unidades entoativas só foram reveladas ao público em 1937, após a intervenção de Braguinha (João de Barro), autor da famosa letra. Depois disso, já transformada em canção, a obra foi regravada por centenas de intérpretes e atingiu o sucesso que hoje conhecemos.

A noção de unidade entoativa é, portanto, um pré-requisito para configurarmos o perfil do artista que atua genericamente na área musical, mas que é dotado de propensão cancional. Mesmo que jamais proponham suas atividades nesses termos, os cancionistas parecem intuir o *quantum* ideal de música e fala para as suas obras e chegam a evitar excessos de uma e de outra como se comprometessem o destino final do trabalho.

Essas noções possuem um sentido relacional preciso. Excesso de música, nesse caso, é carência de fala, é falta de linguagem oral dentro da obra para completar o seu sentido. Retrata a situação em que o cancionista já compôs uma boa melodia, mas anda em busca de uma letra que revele suas unidades entoativas e configure um tema identificado com suas inflexões. A longa espera (consciente ou não) de Pixinguinha por uma letra que retirasse o seu choro, de apenas duas partes, de um limbo musical que à época previa para o gênero três partes também ilustra o caso da música excessiva e da falta de figuras locutivas. Mas a tão corriqueira procura de letrista que possa encaminhar uma criação melódica para o mundo da canção é sempre um exemplo desse "cálculo" subjetivo que prefere desprezar um pouco da autonomia musical em favor de um modo de dizer mais compatível com os conteúdos do dia a dia.

O excesso de fala, que hoje é cultivado com funções específicas no rap e em alguns tipos de funk, já foi, sobretudo no passado, um transtorno para os compositores que padeciam então de carência musical e necessidade imediata de colaboração de um músico que estabilizasse suas invenções espontâneas. O depoimento de Paulo Soledade a respeito de Fernando Lobo é bastante representativo desse sentimento de falta:

> O Fernando [Lobo] era curioso. Dificilmente ele trazia uma ideia completa. Mas, quando ocorria uma ideia de uma música pra ele, ele vinha alucinado porque não sabia música, não sabe, não sabia escrever. Então ele vinha pelo meio da rua e entrava no meu apartamento feito um maluco: "Ouve isso, ouve isso, antes que eu me esqueça". Depois de eu tocar no violão, a ideia já ficava mais difícil de esquecer[5].

Embora se beneficiasse dos lampejos momentâneos que lhe traziam à mente palavras entoadas, Fernando Lobo sabia que tais fragmentos, como qualquer frase do nosso cotidiano, se perderiam se não contassem com um registro quase instantâneo que, naquele tempo, dependia de reprodução instrumental ou de escrita em partitura. O "cálculo", nesse caso, seguia outro princípio: *menos* espontaneidade oral e *mais* recursos musicais, sob pena de pôr em risco o material recém-criado. O depoimento de Nássara confirma como a falta musical era frequente na era do rádio:

5. J. C. Pelão Botezelli & Arley Pereira, *A Música Brasileira deste Século... – 3*, p. 165.

ESTIMAR CANÇÕES

O Lamartine Babo, assim como eu também não toco instrumento nenhum, a não ser arranhar muito mal, o Lamartine também. O Lamartine Babo não tocava instrumento nenhum, ele fazia música mentalmente. Agora, uma memória musical espantosa, fabulosa, inacreditável. [...] Ele, por exemplo, chegava ao Pixinguinha, que fez a maioria das orquestrações das músicas dele, e ele solfejava a harmonia, aquelas introduções, tudo mental (solfeja): pararara tararara larilarirara. Enfim, era eu também..., o Wilson Batista, o Haroldo Lobo, a maioria não conhecia música[6].

Note-se que o principal aqui não é destacar a insuficiência musical dos compositores de canção, uma vez que quase todos partilham essa pouca intimidade com a linguagem musical *stricto sensu*. A questão é a falta de música para a estabilização e perenização da obra, algo que hoje, do ponto de vista técnico, praticamente não existe mais. Os recursos de gravação eletrônica já foram devidamente disseminados entre músicos, não-músicos e aficionados da canção, a tal ponto que a linha divisória entre artista e público-ouvinte está cada vez mais fluida. Boa parte das plateias de espetáculos musicais é formada por autores de um ou mais CDs independentes. O que permanece é a opção estética ou funcional de dosagem dos recursos musicais tendo em vista o efeito final que se pretende causar no ouvinte. Hoje é possível operar na tangente da fala sem que se perca o material sonoro criado. Pode-se desconsiderar a afinação das alturas e todo o apoio harmônico que antes pareciam peças fundamentais na estrutura da composição. Pode-se também dispensar a métrica dos versos, embora, no caso do rap, ela seja compensada pela implementação compulsiva de rimas finais e internas que não deixam de ser traços de musicalização. Aqui, para obter o efeito

6. J. C. Pelão Botezelli & Arley Pereira, *A Música Brasileira deste Século...* – 6, p. 41.

O "CÁLCULO" SUBJETIVO DOS CANCIONISTAS

de denúncia numa contextuação de vida quase épica, nada melhor que *menos* música e *mais* fala, ainda que, assim mesmo, além das aliterações exacerbadas, a hiperdosagem do ritmo percussivo mantenha em pauta a presença musical.

A ESTRATÉGIA BOSSA-NOVA

Em campo oposto, houve tendências na bossa nova que exploraram o máximo possível os recursos musicais no âmbito da canção, não apenas as célebres dissonâncias harmônicas, mas também o improviso vocal tão incentivado nos circuitos de produção do jazz. Nas experiências-limite, chegavam a neutralizar o conteúdo da letra com vocalises para evitar o apelo figurativo (falar das coisas do mundo e das relações humanas). Restava apenas a voz como um modo de dizer, mas sem foco no que era dito. Não são muitos os compositores brasileiros que apostaram nessas tendências. Nossas canções deixam em geral pouco espaço para o improviso puro e simples; sempre que aparece, exerce funções de passagem, introdução, finalização etc. e jamais se confunde com o núcleo cancional determinado pela relação melodia e letra.

Por mais que se esmerassem na condução harmônica da melodia, os bossa-novistas logo sentiam necessidade das figuras locutivas definidas pelas entoações embrionárias de toda melodia. Sentiam falta de letra, mas não de qualquer letra. Os versos ideais eram aqueles que anunciavam a presença do cantor, recortavam as unidades entoativas, mas não se deixavam levar pelo "peso" do conteúdo. Para tanto, além da adoção do registro quase infantil (*O Barquinho, Trem de Ferro, Presente de Natal, O Pato, Lobo Bobo*) e dos comentários sobre a própria música (*Samba da Minha Terra, Samba de Uma Nota Só, Bim Bom*), os autores recorriam aos temas

ESTIMAR CANÇÕES

gerais pouco conflitivos (*Brigas, Nunca Mais*) que, de certo modo, se anulavam como conteúdo, orientando a atenção do ouvinte para o encaixe fonético das palavras na levada do samba. Falavam do amor, da felicidade e da natureza, temática que João Gilberto sintetizou no título do seu segundo LP: *O Amor, o Sorriso e a Flor* (verso da canção *Meditação*, de Tom Jobim e Newton Mendonça).

Podemos dizer que se trata de estratégia não deliberada dos artistas que queriam *mais* música e *menos* fala, sem contudo prescindir do formato cancional. Criando letras nessa esfera de generalidade e eutimia, os mentores da bossa nova se resguardavam do lado escuro da vida, das asperezas do cotidiano, das divergências sociais e das paixões intensas do indivíduo. Evitavam ainda as ironias, as denúncias e as construções de duplo sentido. As letras eram o que eram, serviam apenas para "dizer" a melodia e não para carregar o ouvinte até as profundezas do conteúdo humano. João Gilberto mal arrisca pôr letra em suas pouquíssimas composições e, não raro, propõe alterações de texto para interpretar a seu modo composições alheias. Podemos dizer que a letra, na bossa nova, é para atenuar a abstração musical, mas não para mergulhar em assuntos do mundo exterior ou do universo emocional. Esse mínimo é o seu *quantum* ideal de fala.

Os demais gêneros[7] da canção brasileira mostram-se mais abertos à participação da fala e à exploração de outras regiões, menos vagas, do seu conteúdo linguístico. Todos permitem maior semantização dos temas tratados, ainda que muitas vezes o próprio letrista prefira um recorte comedido do contínuo melódico para evitar sugestões ideológicas com as quais não se iden-

---

7. O gênero refere-se em geral ao padrão rítmico adotado pela composição, embora nem sempre as interpretações se mantenham fiéis ao ritmo de origem.

O "CÁLCULO" SUBJETIVO DOS CANCIONISTAS

tifique. Mas encontramos conteúdos intensificados no rock, no samba-canção, na antiga canção de protesto, na valsa, na marchinha carnavalesca, na produção tropicalista, na música sertaneja, na música axé, no funk, no reggae e até no iê-iê-iê. Ou seja, a regra é a intensificação, em graus diversos, do conteúdo da letra, o que se traduz automaticamente num aumento do papel da fala na composição. A bossa nova, exercitando uma dicção muito peculiar, testou o limite da canção no horizonte musical, mostrando até que ponto podemos dessemantizar[8] uma letra, já que é impossível eliminá-la, para valorizar suas propriedades sonoras em comunhão com a linha melódica e a levada rítmica.

A ESTRATÉGIA RAP

Como deixamos entender, o rap, ao contrário, testa o limite da canção no horizonte da linguagem oral, mostrando até que ponto podemos investir nos significados linguísticos, servindo-nos da entoação quase pura, para transmitirmos informações verbais, normalmente intensas, sem perdermos os traços musicais que garantem sua âncora na linguagem da canção. As composições já surgem com suas unidades entoativas, sem estabilidade nas alturas, mas contando especialmente com as aliterações fonéticas e com o respaldo da base percussiva. Embora o gênero tenha sido importado de bairros norte-americanos (a maioria dos gêneros é importada ou sofre forte influência do que se faz fora do país), veio ocupar um lugar preciso na história na nossa canção. Seu formato, *menos* música *mais* fala, é ideal para se fazer pronunciamentos, manifestações, revelações, denúncias etc. sem

---

8. Dessemantizar significa esvaziar os significados próprios do componente linguístico.

ESTIMAR CANÇÕES

que se abandone a seara cancional. Podemos dizer que o trabalho musical, no rap, é para restabelecer as balizas sonoras do canto, mas nunca para perder a concretude da linguagem oral ou conter a crueza e o peso de seus significados pessoais e sociais. Esse mínimo percussivo e aliterativo é o seu *quantum* ideal de música.

A ACELERAÇÃO E A TEMATIZAÇÃO

A maioria esmagadora das canções nacionais apresenta, em boa medida, tanto os recursos de estabilização musical quanto os dados de semantização linguística. Observando esse vasto repertório, percebemos que outro tipo de oscilação obriga o cancionista a se posicionar no campo da linguagem, tendo em vista a natureza de conteúdo que deseja transmitir em cada obra. A ligação entre as notas de uma melodia pode ser muito bem definida por movimentos acelerados que dão consistência rítmica à forma geral da música e menos relevância aos tons individuais emitidos pelo intérprete. Mas essa ligação pode permanecer um tanto dissipativa nos movimentos lentos que estendem as durações, criando sons com alguma independência da estrutura musical (embora jamais se desprendam totalmente dessa rede de relações). Gisèle Brelet, musicóloga que muito refletiu sobre o parâmetro andamento na música erudita, traduz a desaceleração nos seguintes termos:

[...] a lentidão encarna mais particularmente a exigência de individualização dos sons; também a ligação [entre as notas] se torna mais precária, e o intérprete aí sempre corre o risco de romper a continuidade do desenho melódico e de anular a duração musical deixando-a a mercê da dispersão[9].

9. Gisèle Brelet, *Le Temps Musical...*, p. 380 (tradução nossa).

O "CÁLCULO" SUBJETIVO DOS CANCIONISTAS

Para a autora, portanto, a ligação ou individualização das notas decorrem sobretudo do andamento e acabam determinando a densidade musical da obra. O movimento vivo, por caracterizar constantemente o formato geral da peça, assegura o vínculo entre as notas e o arrebatamento imediato que isso causa, não deixa espaço para a dispersão melódica e muito menos para a desconexão do ouvinte com o presente musical, razão pela qual está sempre associado ao divertimento do corpo e do espírito e menos envolvido com a profundidade de seu alcance musical. Ao contrário, o movimento lento é caracterizado pela tendência à individualização das notas e pelo detalhamento de suas nuances rítmicas e harmônicas. É o que torna a música mais expressiva, pois nos permite demorar nas sutilezas da sua forma e confrontá-la com nossa própria duração subjetiva, repleta de esperas daquilo que *não é ainda*, mas que, para nós, *já é*[10]. As notas quase individualizadas nos comunicam a insuficiência do instante musical e, simultaneamente, nos convidam a passar do tempo da obra para o nosso tempo interno, a despeito de todos os incômodos subjetivos que isso possa trazer.

Segundo Brelet, a ligação entre as notas está plenamente assegurada no movimento acelerado, uma vez que seus tons são apreendidos como um conjunto indivisível e a obra se mostra semelhante a si mesma no decorrer do seu desenvolvimento. Não há risco de que se rompa a continuidade do desenho melódico. No movimento desacelerado, o fenômeno da individualização das notas, embora valorize a complexidade rítmica e harmônica da peça, pode às vezes ameaçar a ligação entre os tons justamente pelo efeito de suas descontinuidades. Mas a exploração das nuan-

10. Paul Valéry, *Cahiers*, p. 1290.

ESTIMAR CANÇÕES

ces sonoras que aumentam a densidade musical das obras lentas é sempre acompanhada, de acordo com a musicóloga, de uma "resistência à atomização da frase", o que gera um equilíbrio entre a moderação do alentecimento e o elã da rapidez. Mesmo referindo-se à música em geral, Gisèle Brelet traz importante contribuição para pensarmos o papel do andamento nas melodias de canção e para, mais uma vez, estabelecermos o cálculo subjetivo que leva os cancionistas a dosarem, desta vez, o *quantum* de aceleração e desaceleração adequado às suas canções:

> Assim, o andamento, em vez de ser uma medida abstrata e arbitrária imposta à obra de fora para dentro, exprime seu devir em sua estrutura concreta, o contínuo e o descontínuo em suas exigências correlativas. A ligação deve sempre ser suficientemente rápida para que as individualidades sucessivas dos sons não deixem entre si um vazio e, entretanto, suficientemente lenta para que floresça a originalidade das sonoridades diversas. É a razão pela qual há um limite tanto para a rapidez como para a lentidão que se destroem a si próprias quando há exagero; a rapidez, rápida demais, é pura precipitação e a lentidão, lenta demais, torna-se languidez: uma perde seu elã e a outra, sua plenitude[11].

A importância do andamento no mundo da canção também é notória e, além disso, a oscilação entre seus extremos adquire ainda maior relevo por se tratar de um universo de sentido especialmente concentrado no tempo (três minutos, em média). A concepção acelerada produz igualmente melodias bem estruturadas, com grupos de notas unificados que evitam qualquer dispersão individual da sonoridade. Esses traços, porém, combinam-se na canção com recorrência de motivos que contribui diretamente para a formação

11. Gisèle Brelet, *Le Temps Musical...*, p. 380 (tradução nossa).

O "CÁLCULO" SUBJETIVO DOS CANCIONISTAS

de identidade melódica entre os temas. É a chamada *tematização* (ou concentração), processo que organiza tanto pequenos segmentos da linha do canto quanto segmentos mais amplos, conhecidos como *refrãos*. As melodias aceleradas e tematizadas mais involuem do que evoluem, não abandonam o seu centro. Com esses recursos que valorizam as relações de identidade, elas pedem letras que, de algum modo, também retratem comunhão entre personagens e seus objetos de valor. Nada melhor que letras que celebrem conquistas, aquisições materiais ou espirituais, encontros amorosos, qualidades pessoais, enfim, todo tipo de conjunção narrativa.

Assim como fizemos alusão às experiências-limite que levam a um "excesso de música" ou a um "excesso de fala" captados pelo cancionista, agora podemos nos referir ao eventual "excesso de tematização" praticado por quem quer reforçar o papel da identidade na melodia e, por decorrência, na letra. Essa tendência era muito cultivada na música popular anterior aos processos de gravação como garantia de sobrevivência dos melhores motivos melódicos gerados espontaneamente. Normalmente esses trechos já surgiam "colados" a uma letra, ainda que esta muitas vezes sofresse variações. Claro que, durante as brincadeiras de rua, podiam aparecer novas estrofes e mesmo algum desenvolvimento melódico, contanto que as novidades voltassem ao núcleo já consagrado, ou seja, ao refrão, pois nele estava inscrita a memória daquela criação específica.

A possibilidade de registro das composições eliminou essa função mnemônica do refrão, mas reavivou sua função identitária. Toda vez que precisasse enaltecer valores, ações ou qualidades por meio dos quais um personagem ou o próprio eu-lírico pudessem ser reconhecidos, o cancionista ativava a tematização, visto que a recorrência melódica facilmente se compatibiliza com a ideia de um sujeito em conjunção com objetos ou com outros sujeitos. Se pensarmos

117

ESTIMAR CANÇÕES

no refrão de *Andar Com Fé*, de Gilberto Gil, a repetição de sua linha melódica mostra que há uma identidade entre seus elementos sonoros equivalente à identidade entre o eu e a fé expressa pela letra.

Mas nunca uma canção se baseia apenas em identidade pura. Como já examinamos no segundo capítulo (ver esquema à p. 57), a quase exigência de outra(s) parte(s) com características variadas demonstra que, ao estabelecer seus processos de concentração, entre eles a tematização, o cancionista já introduz alguns desdobramentos motívicos que servem para atenuar o projeto reiterativo e fazê-lo nutrir-se também de alteridade. No fundo, essa presença da variação desfaz o efeito obsessivo da recorrência e, ao mesmo tempo, revitaliza sua tendência à involução como um ganho estético, já que a principal função desses discretos abandonos do refrão ou dos temas reincidentes é justamente a de retomá-los adiante com maior intensidade (prova disso é o sabor típico do retorno ao refrão).

De todo modo, esses desdobramentos, essas variações melódicas e a própria existência de outras partes nas composições são recursos que incorporam traços da alteridade – ou, se preferirmos, da descontinuidade – no âmbito das canções temáticas, normalmente mais aceleradas e próprias para favorecer as relações de identidade na melodia e na letra. Ou seja, mesmo quando se deixa impregnar pelo canto rápido e por seus motivos recorrentes, o cancionista abranda sua escolha inicial com sugestões de variação que, no fundo, representam vestígios da escolha contrária. Até uma composição como *Morena de Angola* (Chico Buarque), obstinadamente concentrada (temática), exibe pequenas variações, mais melódicas que rítmicas, para delinear uma segunda parte que clama pelo retorno da primeira.

O "CÁLCULO" SUBJETIVO DOS CANCIONISTAS

A DESACELERAÇÃO E A PASSIONALIZAÇÃO

A tal escolha contrária, em sua plenitude, envolve três catego-
rias essenciais, todas prestigiando a alteridade: desaceleração, sal-
tos intervalares e transposição brusca de registro (grave, médio e
agudo). Já vimos, com Brelet, que a lentidão tende a individualizar
as notas e a potencializar o seu caminho harmônico criando um
ambiente sonoro propício à configuração da espera dentro e fora
do processo musical. No caso das canções, essas características se
estendem ao domínio da letra suscitando temáticas relacionadas
à perda amorosa, à saudade, à carência, enfim, à busca do outro,
tanto no passado (nostalgia) como no futuro (esperança). Os gran-
des saltos intervalares introduzem na melodia uma descontinui-
dade que, de certo modo, ameaça a sua integridade[12], pois apressa
a evolução de sua trajetória pondo em relevo o lado "impaciente"
da espera. Se as notas em pauta forem especialmente individuali-
zadas por longas durações, o salto se torna ainda mais dramático
na voz do cantor, uma vez que figurativiza um canto plangente,
um lamento, oriundo do espaço subjetivo do próprio enunciador.
A representação expandida do salto intervalar é a transposição de
registro. Em vez do salto localizado, temos aqui um trecho inte-
gral da canção que se projeta para o agudo exigindo do intérprete
um esforço de emissão compatível. Obras como *Travessia* (Milton
Nascimento e Fernando Brant), *Força Estranha* (Caetano Veloso)
e *Oceano* (Djavan) ilustram bem esse modelo em que a primei-
ra parte oscila entre as regiões grave e média, enquanto a segun-

12. Brelet lembra que o compositor e musicólogo Paul Hindemith, em seu tratado de
harmonia, "tenta provar que o intervalo essencialmente melódico é a segunda, en-
quanto as quintas e quartas, intervalos especificamente harmônicos, são estranhos e
até contrários à melodia" (*Le Temps Musical...*, p. 157).

ESTIMAR CANÇÕES

da ocupa inteiramente o registro agudo. Enfim, as três categorias mencionadas distinguem o núcleo da canção passional, aquela que enfatiza a importância do outro na constituição do sujeito e a existência inexorável da descontinuidade na expressão lenta do canto.

Como no caso da canção temática, a canção passional também dispõe de recursos para atenuar um possível excesso de passionalização decorrente da tricotomia categorial. É comum que a expansão lenta da melodia se dê progressivamente, de maneira escalar, sem intervenção importante dos saltos intervalares (exemplo: *Valsinha*, de Vinicius de Moraes e Chico Buarque). Mesmo quando esses ocorrem, é igualmente comum que sejam sucedidos por sequências gradativas de tons, tanto ascendentes quanto descendentes, como se as gradações compensassem o movimento brusco praticado pelos saltos. Outro recurso de atenuação das passagens descontínuas no interior das canções passionais é a gradação de segmentos melódicos (motivos), dado que essa gradação se transforma em lei de evolução, típica de uma espera serena (exemplo: a primeira parte de *Eu Sei Que Vou Te Amar*, de Tom Jobim e Vinicius de Moraes). Tudo ocorre como se os processos graduais restaurassem um tanto da recursividade da tematização e, com ela, o princípio de identidade pouco presente nas composições passionais.

Por mais que queira se expressar numa esfera passional, intimamente ligada à desaceleração, ao sentimento de falta e à espera impaciente do outro, o cancionista naturalmente se afasta da forma extremada da paixão incorporando leis de gradação ou mesmo adotando algum tipo de refrão para salvaguardar sua própria identidade durante o processo de busca. Os autores da bossa nova, por exemplo, jamais deixaram de tratar dos assuntos amorosos tão caros aos artistas do samba-canção e do bolero que

O "CÁLCULO" SUBJETIVO DOS CANCIONISTAS

precederam o movimento, só que nunca o fizeram do mesmo jeito. Mesmo conservando o andamento lento, tendiam a abandonar as longas durações vocálicas e as amplas inflexões melódicas exploradas pelos antigos sambistas em proveito dos movimentos gradativos (basta cantarolarmos o início de *Minha Namorada*, de Carlos Lyra e Vinicius de Moraes) e até reiterativos (início de *Lobo Bobo*, de Carlos Lyra e Ronaldo Bôscoli), de modo a valorizar o elo entre as notas e, consequentemente, o ritmo global que assegurava o elã melódico do então novo gênero.

PARA CONCLUIR

A iniciativa da atenuação sempre serviu aos cancionistas para flexibilizar suas escolhas iniciais de atuação, sobretudo quando querem marcar posição estética diante dos ouvintes. Atenuar a musicalização é reconhecer que as melodias cantadas comportam figuras entoativas (modos de dizer) que precisam ser reveladas por suas letras. Atenuar a matéria bruta da fala é reconhecer que as mensagens linguísticas poderão ser não apenas entendidas pelo ouvinte, mas também fixadas com recursos musicais que favorecem a reprodução de suas frases pelos seguidores e aficionados do gênero. Atenuar a tematização é injetar alteridade na identidade melódica por meio de pequenas e significativas variações da linha cantada. Isso permite que a letra aborde também os efeitos da disjunção mesmo num ambiente musical em que o encontro e a celebração são situações privilegiadas. Atenuar a passionalização é graduar os intervalos melódicos e introduzir alguma recorrência nos movimentos verticais (grave/agudo) do canto para, justamente, injetar identidade no domínio da alteridade, marcado por grandes inflexões vocais. São meios musicais que em geral

ESTIMAR CANÇÕES

repercutem na letra como sugestões de elos à distância ou de esperas pacientes, tendo como fundo a desunião.

Essas atenuações não são mais que "cálculos" subjetivos, estimativas, intuitivamente elaboradas pelos cancionistas toda vez que se entregam a um processo de criação. Se a canção brasileira tem hoje um perfil facilmente identificável, isso se deve a essa prática pouco consciente, mas meticulosamente desenvolvida por nossos artistas nos últimos cem anos.

6. ILUSÃO ENUNCIATIVA
NA CANÇÃO

Sabemos que o trabalho com a sonoridade em si já atingiu níveis de elaboração altamente refinados no campo erudito desde que a música instrumental se emancipou da música vocal na Europa do século XVIII. A fabricação de novos e requintados instrumentos atraiu compositores que há muito buscavam soluções acústicas além dos limites determinados pela caixa torácica dos cantores e por suas faculdades articulatórias. A partir de então só tivemos progresso numa história que foi do período barroco até as experiências de vanguarda do século XX e que ainda conheceu um desdobramento de peso em épocas recentes com a chegada do jazz e a incorporação de improvisos virtuosísticos. No Brasil, a linguagem instrumental do choro também alcançou um prestígio semelhante ao do famoso gênero norte-americano, ainda que nem de longe desfrutasse as mesmas condições de divulgação e aceitação internacional.

Mas independentemente dos estilos, gêneros e metagêneros predefinidos, os músicos passaram a praticar nas últimas déca-

ESTIMAR CANÇÕES

das todo tipo de fusão rítmica, combinação timbrística, alusão étnica e a aceitar influências de todos os períodos históricos sem se preocupar com o prestígio da sonoridade (popular, erudita, regional, pop etc.) em sua origem. É com esse vasto universo instrumental, ampliado atualmente pelos recursos eletrônicos e pelo contato com numerosas tendências modais procedentes das mais variadas regiões do globo, que o músico atual mantém seu diálogo artístico. Pouco lhe importam em princípio os sentidos gerados pela relação entre melodia e letra e o respaldo oferecido pelas entoações da língua natural, já que essas preocupações são da área cancional e só adquiriram relevância especial a partir da invenção do fonógrafo.

Entretanto, não são raros os casos em que, na própria música erudita, os compositores sentem falta da "voz que fala" no âmago da "voz que canta". Tentam, assim, recriar a entoação e os acentos de sua língua materna na elaboração da melodia do canto com o intuito de imprimir traços subjetivos (e étnicos) na forma musical. Muitas vezes, tal recriação tem um sentido de desafio: domesticar a instabilidade das modulações coloquiais. O *Sprechgesang* praticado por A. Schœnberg no início do século xx, especialmente em *Pierrot Lunaire*, representa talvez o ápice dessa aventura musical. Mas o uso da fala na música escrita já exibe longa tradição na forma do recitativo, gênero que normalmente conduz os diálogos nas óperas ou simplesmente estabelece o elo narrativo entre suas árias. Em vez do canto melismático, as vocalizações aqui são sempre concebidas de modo silábico (cada nota corresponde a uma sílaba). Segundo o musicólogo Alex Ross, o compositor tcheco Leos Janáček (1854-1928) levou às últimas consequências a participação da fala nas obras musicais, pois pregava que "a melodia não apenas imita as oscilações no tom da fala

124

na conversação como também ilustra as características de cada personalidade no drama":

> A melodia [para o compositor] deveria seguir os tons e ritmos habituais da fala, às vezes literalmente. Pesquisou nos cafés e em outros lugares públicos, transcrevendo na partitura as conversas ouvidas ao seu redor. Por exemplo, ao dizer "dobrý večer", ou "Boa Noite", a seu professor, um estudante emprega um padrão descendente, uma nota aguda seguida de três notas mais graves. Quando esse estudante dirige a mesma saudação a uma bela criada, a última nota é ligeiramente mais alta do que as outras, para afetar timidez e intimidade. Tais diferenças sutis, pensou Janáček, poderiam engendrar um novo naturalismo operístico. Seria possível mostrar "todo um ser numa fotografia instantânea"[1].

CRIAR FIGURAS ENTOATIVAS

Se até a música escrita se ressente por vezes da perda do lastro entoativo, não é difícil imaginar o impacto desse desaparecimento no campo da canção cujos principais sentidos dependem do poder persuasivo da voz. Não basta que o cancionista alcance uma coerência musical (harmônica ou motívica), filie-se a um gênero consagrado (blues, samba, toada, rock, bolero etc.) ou mesmo se desprenda dos sistemas habituais de composição com suas escalas diatônicas e cromáticas. Falta-lhe sempre uma etapa de conversão dos segmentos melódicos em inflexões figurativas que só se completa com a criação da letra e, consequentemente, das unidades entoativas.

De fato, a figurativização, processo inerente à composição de canções, responde pelo efeito de fala natural no interior dessas pequenas obras, dando-nos a impressão de que as frases cantadas

---

1. Alex Ross, *O Resto É Ruído: Escutando o Século XX*, p. 94.

ESTIMAR CANÇÕES

poderiam também ser frases ditas no cotidiano. Esse processo começa com a atuação do letrista. Cabe a ele definir quantas e quais são as unidades entoativas que "habitam" o *continuum* melódico.

Tomemos uma canção bem conhecida, como *Olhos nos Olhos* (Chico Buarque) e cantarolemos a melodia que acompanha os versos citados a seguir. A letra proposta para a primeira frase melódica divide-a em duas unidades entoativas: "(1) Quando você me deixou | (2) meu bem". A primeira cobre o relato do que houve no passado do enunciador e a segunda apenas reforça o seu contato afetivo com o "tu", o receptor da comunicação. Nas duas outras aparições da mesma frase melódica ("Quando você me quiser rever" e "Quando talvez precisar de mim") não há subdivisão entoativa. Ambas se servem de toda a sequência melódica para formular uma hipótese futura sem tonificar o contato com o "tu".

Já a melodia da segunda frase da composição é inicialmente apreendida como unidade entoativa integral: "Me disse pra ser feliz e passar bem". Quando é retomada nas estrofes seguintes, essa mesma melodia desdobra-se em duas unidades entoativas: "(1) Já vai me encontrar refeita | (2) pode crer" e "(1) Cê sabe que a casa é sempre sua | (2) venha sim". As segundas unidades ("pode crer" e "venha sim"), assim como vimos na primeira frase melódica, revigoram mais uma vez o contato com o receptor, enquanto as primeiras dão continuidade à narrativa da letra. É de se notar ainda que a unidade entoativa que cobre "Cê sabe que a casa é sempre sua" apresenta-se ligeiramente alterada para acomodar as duas sílabas suplementares que surgiram na concepção da letra. É comum, aliás, que a força de expressão entoativa se sobreponha à forma musical e desfaça a sua métrica.

Quando dispomos de duas ou mais versões de frases linguísticas para a mesma sequência melódica, aumentam sobremaneira

ILUSÃO ENUNCIATIVA NA CANÇÃO

as chances de surgirem diferentes unidades entoativas. Há letristas que se especializam em segmentar de forma variada o mesmo fio melódico. O próprio Chico Buarque, em *Feijoada Completa*, cria quatro variações entoativas para a frase melódica (virtual) que antecede o refrão "E vamos botar água no feijão":

Salta cerveja estupidamente gelada prum batalhão

Uca, açúcar, cumbuca de gelo, limão

Joga o paio, carne seca, toucinho no caldeirão

Diz que tá dura, pendura a fatura no nosso irmão.

As notas iniciais e finais dessas quatro frases são as mesmas. Também são praticamente as mesmas as notas entre as quais oscila a voz do cantor, no interior de uma sequência harmônica igualmente uniforme. No entanto, o número de sílabas dos versos não obedece a qualquer métrica nem a qualquer regularidade acentual, de tal maneira que o intérprete se vê obrigado a estabelecer ajustes especiais (introduz pausas, altera a figura rítmica, o modo de dizer etc.) para executar as quatro variáveis da mesma melodia virtual. Assim como há diversas pronúncias para realizar o mesmo fonema de uma língua, o que temos aqui são diversas resoluções sonoras para configurar a mesma melodia subjacente.

Por permitirem a comparação das unidades entoativas propostas pelo letrista a partir do mesmo segmento melódico, esses exemplos indicam com toda evidência que a criação das figuras enunciativas faz parte do processo geral de composição e garante a sensação de plausibilidade peculiar a toda canção: a voz que fala permanece por trás da voz que canta. Mas devemos entendê-los

ESTIMAR CANÇÕES

como demonstrações quase didáticas de um fenômeno bem mais amplo. Ao propor que a letra segmente uma sequência melódica, o compositor deposita em seus versos não apenas uma configuração de conteúdo (um assunto a ser tratado), mas também um modo de dizer entoativo que substitui a abstração musical pela enunciação concreta de um personagem, normalmente associado à imagem do cantor.

EMBREAGEM ENUNCIATIVA

Acontece que a linguagem da canção ainda possui outra particularidade enunciativa: ao enunciar sua criação, todo compositor prevê que ela será reenunciada pelo intérprete. Mais do que isso, o enunciado-canção jamais prescinde da enunciação do cantor (a não ser nas representações artificiais das partituras ou dos diagramas analíticos) e essa simultaneidade o distingue do mero enunciado linguístico. Para este último caso, existem diversos marcadores discursivos (pronomes, flexões verbais, advérbios) que ora distanciam, ora aproximam o enunciador do seu enunciado. Quando se expressa em primeira pessoa (eu), e convoca automaticamente a segunda (tu), o enunciador simula sua participação direta no texto, subjetivando-o, ou seja, estreitando as relações entre sujeito da enunciação e sujeito do enunciado[2]. Quando se expressa em terceira pessoa (ele), que na verdade não se configura propriamente como pessoa e sim como o assunto de

2. Dizemos "simula" porque jamais o sujeito do enunciado corresponde de fato ao sujeito da enunciação. Enunciar significa criar um universo de sentido independente daquele vivido pelo enunciador. Só resta ao sujeito que enuncia produzir efeitos de proximidade ou distanciamento entre ambas as instâncias (ver sobre isso José Luiz Fiorin, *As Astúcias da Enunciação*, pp. 42-44).

128

ILUSÃO ENUNCIATIVA NA CANÇÃO

que se fala[3], o enunciador afasta-se do teor do texto e, com isso, produz a impressão de uma escrita mais objetiva.

Recursos como esses se mantêm nas letras de canção, mas acompanhados, como vimos, de uma ação enunciativa muito especial da linha do canto. Se a letra se desenvolve em primeira pessoa, as inflexões melódicas reforçam a conexão dos enunciados com o enunciador. Este não apenas diz "eu", mas também "entoa" concomitantemente suas emoções como qualquer falante em suas locuções diárias. Se a letra relata algo em terceira pessoa, os contornos entoativos impedem que o efeito de objetividade se imponha com plenitude. Os sentimentos atribuídos a "ele" são infletidos pelas modulações vocais do intérprete, portanto, do "eu". Tudo que a letra desconecta da enunciação, a melodia se encarrega de reconectar. Lembremos da canção *Domingo no Parque* (Gilberto Gil), cuja intensa expressão melódica do intérprete (eu) elimina qualquer possibilidade de isenção enunciativa, ainda que a letra se construa em terceira pessoa e tente se ater aos fatos e à descrição dos sentimentos que geraram a crise entre "João", "José" e "Juliana". Não se pode negar que o aumento progressivo da tensão emocional que afeta o personagem "José" (ele) se manifesta claramente nos contornos melódicos realizados pelo eu-cantor, configurando um caso típico de *embreagem*[4].

Essa embreagem, na verdade, responde por um dos principais efeitos de sentido associados à linguagem da canção: a ilusão

---

3. Émile Benveniste, *Problemas de Linguística Geral*, p. 282.

4. O conceito de embreagem se opõe ao de debreagem. Enquanto este último representa o desligamento da instância de enunciação pela construção do enunciado, com seus pronomes independentes (mesmo o "eu" do enunciado já não corresponde mais ao "eu" da enunciação), a embreagem diz respeito aos recursos de religamento à enunciação, de reconexão do "eu" ou "ele" ao sujeito que enuncia. Ver ainda Greimas & Courtés, *Dicionário de Semiótica*, pp. 159-162.

ESTIMAR CANÇÕES

enunciativa[5]. É graças a ela que o ouvinte vincula, quase automaticamente, os conteúdos da letra ao dono da voz. Como vem sempre recortada pela letra, a melodia cancional é uma sequência virtual de unidades entoativas que se atualiza no canto dos intérpretes e garante a subjetivação constante da obra. Por mais variados que sejam os assuntos tratados no texto, a melodia se encarrega de aproximá-los da *persona* do cantor. Por isso, conscientes do impacto causado pela ilusão enunciativa, os intérpretes costumam escolher canções com cujas letras realmente se identificam. A melodia não permite que os temas sejam focalizados de maneira neutra sem envolvimento emocional.

Por mais que os recursos linguísticos mostrem uma voz em terceira pessoa, o ouvinte não deixa de ouvir as entoações emitidas pelo "eu" (intérprete). Lupicínio Rodrigues tem uma canção bastante conhecida, *Ela Disse-me Assim*, cuja letra instaura, de início, a voz da terceira pessoa (ela): "Ela disse-me assim: / 'Tenha pena de mim, vai embora!'" As aspas simples que englobam este último verso já assinalam, na escrita, uma equivalência entre "ela" e "eu", ou seja, eu digo agora o que ela disse anteriormente. No canto, a emissão da frase melódica dividida em duas unidades entoativas ("Tenha pena de mim" e "vai embora!") reforça ainda mais a atuação do emissor (intérprete) no tempo presente. É essa embreagem que atenua o efeito de distanciamento locutivo anunciado pela terceira pessoa e faz da canção um ato permanentemente ligado ao *hic et nunc*.

Se o canto tem o poder de transformar o "ele" em "eu", uma vez que os sentimentos atribuídos à terceira pessoa são modu-

---

5. Essa expressão já foi utilizada pela semiótica como decorrência do processo de "embreagem" (Greimas & Courtés, *Dicionário de Semiótica*, p. 161) nos textos verbais. No contexto deste estudo, ela é retomada como efeito de sentido provocado pelo canto. A presença da voz jamais permite que o enunciado-canção se afaste do seu processo da enunciação.

ILUSÃO ENUNCIATIVA NA CANÇÃO

lados na voz da primeira, a expressão direta do "eu" na letra de uma canção, algo bastante corriqueiro, aguça a reconstituição do momento enunciativo e produz no ouvinte a ilusão de que o intérprete fala de si como ser humano: a personagem cancional se confunde com a personagem do mundo. Ao identificar-se com essa personagem do mundo, o ouvinte presta solidariedade aos intérpretes acompanhando o seu sofrimento nas canções passionais ou compartilhando com eles as alegrias das canções de encontro. Sabemos que são os cantores que revelam ao público o mundo interno, extremamente sensível, das canções, mas, se considerarmos a tendência à embreagem radical dessas pequenas obras, devemos admitir também que compete a esses intérpretes criar efeitos de vida extracancional.

Há alguns exemplos históricos desse aproveitamento máximo da ilusão enunciativa no universo da canção brasileira. Quando Aurora e Carmen Miranda cantavam "Nós somos as cantoras do rádio / Levamos a vida a cantar", a célebre marchinha de João de Barro, Alberto Ribeiro e Lamartine Babo, os ouvintes se deliciavam com a impressão "verdadeira" de que as personagens principais dessa canção específica haviam protagonizado numerosas outras músicas difundidas pelo mais importante meio de comunicação da época. Mais que isso, em *Cantores do Rádio*, elas falavam por todos os artistas do rádio que encantavam o cotidiano dos ouvintes. Anos depois, nas vozes de Chico Buarque, Maria Bethânia e Nara Leão, essa composição provoca o mesmo efeito de embreagem em sua versão para o filme *Quando o Carnaval Chegar*, de Cacá Diegues. O público não tinha dúvida novamente de que os intérpretes falavam de si.

Conhecendo intuitivamente esse dom particular da canção, os autores já chegaram a produzir música para um intérprete ex-

ESTIMAR CANÇÕES

clusivo. A dupla Erasmo e Roberto Carlos compôs *Meu Nome É Gal*, composição que, ao ser entoada pela famosa cantora, ressoa em nossos ouvidos como "verdade" absoluta: "Meu nome é Gal / E desejo me corresponder / Com um rapaz que seja o tal / Meu nome é Gal". Claro que se há alguma verdade ela é relativa. O desejo de se "corresponder com um rapaz que seja o tal", por exemplo, é pura invenção dos compositores, como, de resto, ocorre em todas as letras do repertório cancional. A singularidade dessa canção está em realizar não apenas uma fusão entre "ela" (a personagem Gal) e "eu" (a dona da voz), mas também entre "eu" e essa cantora brasileira específica, de tal maneira que ninguém mais pôde reinterpretá-la em outros contextos. Trata-se, portanto, de um caso de embreagem e ilusão enunciativa quase plenas.

Na mesma linha de exploração desse recurso figurativo, mas permanecendo explicitamente no domínio da ficção, temos outra gravação de Gal Costa, desta vez celebrizando a figura de Gabriela criada por Jorge Amado. A *Modinha Para Gabriela*, composta por Dorival Caymmi, já trazia em seus versos marcas enunciativas: "Quando eu vim pra esse mundo / Eu não atinava em nada / Hoje eu sou Gabriela". A associação entre "eu" e Gabriela (ela) já está explícita na letra, mas a intensificação dessa embreagem e dessa ilusão enunciativa se dá quando o ouvinte estabelece uma verdadeira fusão entre a possível voz de Gabriela e a voz efetiva da intérprete. Alguns mitos começam então a povoar o imaginário do público: Gabriela só poderia cantar como Gal Costa; a feição da intérprete tem os contornos da atriz Sônia Braga que, por muito tempo, encarnou a personagem na televisão e no cinema; Gabriela é Gal Costa, que tem o corpo de Sônia Braga e ainda diz: "Eu nasci assim, eu cresci assim, eu sou mesmo assim, vou ser sempre assim". E o mundo interno e externo da canção

ILUSÃO ENUNCIATIVA NA CANÇÃO

se confundem porque suas personagens falam e agem pela voz da intérprete que é, ao mesmo tempo, sujeito do enunciado-canção (Gabriela), sujeito da enunciação (eu, a dona da voz) e sujeito físico (Gal Costa, Sônia Braga, Juliana Paes ou qualquer outra representação artística da personagem).

Esses casos extremos indicam que a força locutiva das canções nunca foi segredo para os cancionistas. Ao contrário, os compositores e intérpretes costumam dosá-la habilmente com o intuito de aumentar ou diminuir a fronteira entre o sujeito do canto e os sujeitos do conteúdo cantado. Ao diminuí-la, como vimos, conseguem intensificar significativamente nossa ilusão enunciativa. Mesmo que o intérprete não concorde ou não se identifique com o conteúdo transmitido, é comum que tolere a inevitável ação da embreagem por pura solidariedade à composição escolhida. Diz a cantora Jussara Silveira em entrevista a Patrícia Palumbo:

> Outro dia, eu estava ensaiando *Nunca*, do Lupicínio Rodrigues. (Cantando) "Saudade, diga a esse moço, por favor, como foi sincero o meu amor... Nunca, nem que o mundo caia sobre mim, nem se Deus mandar, nem mesmo assim, as pazes contigo eu farei..." É lindo, é bem escrito, é bem-feito, mas eu não acreditaria nisso para a minha vida pessoal. [...] Mas acredito na canção[6].

A intérprete manifesta plena consciência de que faz parte do seu trabalho conviver com a tendência figurativa peculiar a qualquer composição. As marcas enunciativas contidas nas letras (aquelas que fazem alusão ao "eu-aqui-agora"), incrementadas pelas unidades entoativas e pela própria linha vocal, índice de um corpo sensível, estão sempre apontando para o dono da voz e revelando de certo modo o seu comprometimento com tudo que

---

6. Patrícia Palumbo, *Vozes do Brasil – 2*, p. 80.

ESTIMAR CANÇÕES

diz. E o papel da melodia é tão determinante que, muitas vezes, prescinde das informações linguísticas. Jussara Silveira atesta isso quando, na mesma entrevista, declara: "Não falo inglês, e muitas vezes não entendia o que ela [Billie Holiday] dizia. Mas, pelo jeito que cantava, eu sabia o que ela queria dizer"[7].

CRITÉRIOS CANCIONAIS

A sensibilidade cancional nutre-se da linguagem musical a ponto de muitas vezes adotá-la como critério de qualidade de suas criações. Mas ocorre certo "excesso musical" quando a linha da voz se vê em concorrência com os demais naipes instrumentais; perde sua função protagonista e deixa de responder pelos valores figurativos da canção. É quando não mais reconhecemos as unidades entoativas e, por conseguinte, perdemos a ilusão de que os conteúdos e os sentimentos emitidos pela voz são partes e manifestações do corpo de alguém. Caímos então no campo da música *lato sensu* ou no trabalho com a sonoridade em si a que nos referimos no início deste capítulo.

A adoção exclusiva de critérios musicais para a avaliação das canções já demonstrou sua completa inadequação de princípios. Os cancionistas em geral sequer exibem intimidade com a música escrita ou com a tradição musicológica. São peritos em estabelecer relações entre melodia e letra e em produzir ilusões enunciativas, o que já delineia um outro domínio de experiência e pede outros modelos de descrição baseados na indagação fundamental: o que garante a compatibilidade entre o que é dito (letra) e a maneira de dizer (melodia)? Os próprios elementos musicais, como harmonia,

7. *Idem*, p. 76.

134

ritmo, timbre e textura sonora, são agentes que colaboram, às vezes até decisivamente, na integração desses dois componentes modulados pela voz, mas são recursos a serviço do canto.

O campo cancional também não se confunde com o da música popular instrumental que tem na capacidade de improviso dos artistas sua força motriz. Essa música faz parte do programa de diversas universidades brasileiras, em geral com currículos importados dos EUA onde os estudos jazzísticos já possuem longa tradição. Trata-se de um progresso diante dos antigos centros de estudos musicais que elegiam as produções "eruditas" (clássicas, cultas, escritas, não importa o nome) como as únicas merecedoras de atenção acadêmica ou científica. Mas apenas indiretamente contribui para os estudos cancionais, uma vez que só levam em conta a sua face melódica e, evidentemente, a participação do arranjo na criação.

A compreensão da linguagem cancional não depende igualmente das classificações por gênero, em geral realizadas pela musicologia ou pela etnomusicologia, e muito menos do conceito de autenticidade como parâmetro de valorização das canções entre si. Conscientes disso, Jules Chancel e Yann Plougastel, organizadores do *Dictionnaire de la Chanson Mondiale*, publicado pela Larousse em 1996, abrem o grande volume francês dizendo que sua seleção de verbetes não se baseia em gêneros. Seja "blues, country, soul, funk, rock, grunge, trash metal, pop, reggae, rap, salsa, saudade, fado, flamenco, opereta, samba, canção 'rive gauche', canção de protesto, tecno, trip hop ou raggamuffin", o que importa aos autores é que a obra tenha a "voz como fio condutor". Tal enfoque já é bem significativo pois mostra que os organizadores identificaram uma área de produção estética autônoma cuja imensa relação de representantes precisa ser compilada. Tam-

ESTIMAR CANÇÕES

bém é significativo o fato de levarem em conta os artistas fartamente difundidos pela mídia após o término da Segunda Guerra Mundial (1946), quando a indústria fonográfica se encontrava totalmente consolidada. Essa canção evolutiva, portadora, entre outros, dos traços de linguagem destacados aqui, sempre esteve intimamente ligada à tecnologia de gravação.

Os processos de compatibilidade entre melodia e letra já foram por nós detalhados em outros trabalhos[8]. Eles explicam por que melodias desaceleradas e com ampla exploração de tessitura sugerem letras que descrevem sentimentos de falta ou, ao contrário, melodias movimentadas, centradas no refrão e outros procedimentos reiterativos, favorecem a composição de letras que celebram encontros ou estados de comunhão. Neste momento, queremos apenas enfatizar os fenômenos de embreagem melódica que respondem pela eterna ilusão enunciativa provocada pelas canções.

Essa ilusão é responsável, entre outras coisas, pelo aumento progressivo, a partir dos anos 1960, dos cantores-compositores em todo o mundo. A força enunciativa da canção sempre foi tão imperiosa que, antes dessa década, se dizia: música do Frank Sinatra, do Carlos Gardel, do Cauby Peixoto, da Ângela Maria, quando, na verdade, esses artistas limitavam-se a interpretar faixas criadas por compositores "profissionais" (contratados pelas gravadoras para esse fim). Mas o efeito bumerangue da voz era irresistível: para os ouvintes, os cantores realmente "falavam de si". Não é difícil entender que essa instância enunciativa tenha exercido forte atração nos compositores dessa época, especialmente naqueles que se sentiam aptos a veicular a própria obra.

---

8. Luiz Tatit, *Semiótica da Canção...*; *O Cancionista; Musicando a Semiótica*; Luiz Tatit & Ivã Carlos Lopes, *Elos de Melodia e Letra*.

ILUSÃO ENUNCIATIVA NA CANÇÃO

Mais importante que a voz intensa do cantor profissional, a essa altura já superada pelos bons microfones e pela nova tecnologia de amplificação e gravação, surgia então a voz original do compositor, sujeito daquelas entoações e daqueles sentimentos descritos na letra. Bob Dylan, Joan Baez e a estupenda dupla Lennon & McCartney tornaram essa prática habitual para o grande público.

No Brasil, o fenômeno dos cantores-compositores se generalizou na era dos festivais. Como em todo período de transição, seus agentes ainda hesitavam na adoção da nova ordem. No célebre Festival da Record de 1966, Chico Buarque arriscou interpretar *A Banda* para a plateia e obteve sucesso em boa medida pela imediata identificação do tema tratado com sua figura de autor. Ela, a banda, era incontestavelmente uma construção do "eu" (Chico Buarque), tanto na canção como fora dela. Todavia, para "garantir" a eficácia da apresentação, entrava logo em seguida a cantora (Nara Leão), acompanhada por uma pequena fanfarra, e executava novamente as estrofes. No mesmo período era comum ouvirmos em diversos programas da rede Record *Disparada*, a música concorrente do mesmo Festival, na voz de Geraldo Vandré, com suas credenciais de enunciador "verdadeiro", e, em seguida, na voz de Jair Rodrigues, o intérprete que havia encarnado o autor durante o famoso concurso. No ano seguinte, a transição já tinha praticamente se consumado. Edu Lobo, Gilberto Gil e Caetano Veloso, considerados até então como compositores que raramente cantavam, assumiram por fim a interpretação de suas obras. Edu Lobo ainda teve o apoio da cantora Marilia Medalha para executar o seu *Ponteio*, mas Gilberto Gil e Caetano Veloso assumiram de vez o lugar do cantor (*Domingo no Parque* e *Alegria, Alegria,* respectivamente).

137

ESTIMAR CANÇÕES

Depois disso, entramos na era dos compositores-cantores com tal vigor que quase desapareceram os novos intérpretes (apenas intérpretes) masculinos. Para compensar, as cantoras, que ainda não compunham tanto como hoje, mantiveram considerável hegemonia por pelo menos três décadas nesse privilegiado lugar enunciativo de mediação entre autores e público. Avizinha-se agora o período das compositoras-cantoras, aquelas que desejam ampliar ainda mais o efeito de verdade que já inspiram como donas da voz, apresentando-se também como donas da criação. Querem, portanto, o aproveitamento total da ilusão enunciativa que sempre provocaram em suas execuções vocais.

7. O SIGNIFICADO DE CANTAR NA ENUNCIAÇÃO MUSICAL[1]

A música vocal sempre suscitou reflexões interessantes sobre a existência de uma relação profunda entre linguagem musical e linguagem verbal. Ambas são práticas que dependem do decurso do tempo e podem ser executadas simultaneamente materializando-se em elementos similares: frases, notas silábicas, pontos tônicos, unidades recorrentes e algumas correspondências rítmicas.

Por outro lado, sabemos que o componente musical pode se abrir para um universo não apenas melódico, mas também harmônico, timbrístico, com uso de diferentes métricas e explorando toda sorte de polifonia, enquanto o componente linguístico, por sua vez, pode nos conduzir aos mais diversos temas afetivos e culturais que pouco se prendem à linearidade típica dos versos. Aliás, tais expansões foram responsáveis, de um lado, pelas numerosas sonoridades produzidas em todo o planeta e, de outro, pela variedade semântica que caracteriza o pensamento humano universal.

---

1. Este capítulo teve a colaboração de Ivã Carlos Lopes.

ESTIMAR CANÇÕES

A concepção de música vocal prevê mais limites que expansões de seus respectivos campos musical e linguístico. A escolha da voz humana como fio condutor da obra já indica que as leis de estabilização sonora terão que contracenar com modos "aceitáveis" de se dizer os conteúdos verbais e que esses podem ter maior ou menor densidade semântica a depender das direções, dos motivos e das acentuações rítmicas sugeridas pela linha melódica. Antes de explorarem seus universos particulares os componentes musical e linguístico precisam satisfazer suas necessidades de integração mútua, fenômeno que sempre dificultou a atividade crítica dos musicólogos, literatos e semioticistas.

Os músicos eruditos e mesmo os músicos populares vinculados à produção instrumental reconhecem as características próprias das melodias vocais – sobretudo no plano do andamento, do fraseado, das pausas respiratórias –, mas em geral estão longe de compreender que os principais sentidos gerados pelo canto resultam de uma prática semiótica criada especialmente para esse fim, sem muita dependência dos recursos que costumam despertar o interesse musical. No universo da ópera, por exemplo, quando se fala de boa integração entre música e texto, destaca-se, de um lado, a qualidade da criação melódica, com seus contornos bem entrosados com a base harmônica, e, de outro, a boa condução dramática do enredo ou o refinamento poético dos versos. A integração está no fato de ambos os componentes receberem tratamento "elevado" de seus autores e, evidentemente, certo ajuste rítmico no plano da expressão (os acentos da linha melódica devem levar em conta os acentos naturais das palavras do texto verbal). Ora, além de adotar critérios pouco objetivos de avaliação (o que vem a ser "elevado"?), esse ponto de vista nada diz sobre o sentido específico que resulta do encontro das duas linguagens.

140

Ao contrário, espera que ambas preservem seus modos próprios de expressão e conquistem triunfos musicais e literários "apesar" da atuação conjunta.

O operista apoia-se em libretos, geralmente escritos com outra finalidade, que lhe sugerem narrativas e episódios dramáticos (ou cômicos) realizáveis de algum modo pelo discurso musical. Se conseguir traduzir musicalmente as ambientações sociais ou os climas psicológicos concebidos pelo escritor, já verá nessas transposições de ordem bem geral casos de associação plena da música com o texto. É quando se diz, por exemplo, que um coral com muitas dezenas de vozes se ajusta perfeitamente às temáticas de natureza coletiva, como a fraternidade humana (cf. *Nona Sinfonia*, de Beethoven); ou que as vozes agudíssimas representam as forças celestes em contraposição às vozes do baixo que reproduzem a gravidade do reino do inferno; ou ainda que a reiteração de um fonema no texto poético se coaduna com a recorrência de uma determinada nota no plano musical (relação conhecida como isomorfismo). Associações simplórias como essas parecem satisfazer os compositores que, na verdade, estão preocupados com o valor musical de suas obras e, assim, preferem acreditar que o componente verbal já traga em si um valor literário suficiente para figurar ao lado da sua proposta sonora.

O pianista norte-americano Robert Jourdain deixa transparecer em alguns trechos do seu interessante trabalho sobre a percepção musical a visão geral que o músico erudito, ou mesmo o instrumentista, costuma ter da canção midiática:

> Quando uma música é banal, sua única redenção está em suas palavras. As palavras também funcionam como um lembrete útil para a mente musicalmente pouco desenvolvida. Então, a música popular preocupa-se

ESTIMAR CANÇÕES

em usar palavras inteligíveis, enfatizando os sons consoantes. Em contraste, a música erudita enfatiza as vogais, subordinando a inteligibilidade ao bem harmônico geral. As plateias de música erudita não esperam muito das palavras e, de bom grado, ouvem canções em línguas que não podem entender[2].

INÍCIO DA ERA DOS CANCIONISTAS

Uma concepção como essa não chega sequer a admitir que a música vocal, pelo menos no campo da canção midiática, tornou-se a partir do século XX um processo semiótico autônomo – pouco dependente das leis musicais ou dos procedimentos literários – que produz unidades entoativas específicas decorrentes do encontro da melodia com a letra e efeitos de sentido diretamente gerados pelos traços compatíveis desses dois componentes. Aliás, nem prevê que haja "traços compatíveis" alinhavando melodia e letra. Jourdain simplesmente não leva em conta que a maior parte dos compositores de canções altamente consagradas dispensam as partituras, os solfejos, as manobras harmônicas e rítmicas (salvo as feitas de ouvido) e, no entanto, domina a técnica de criar relações entre linhas melódicas e frases linguísticas com uma desenvoltura raramente encontrada no âmbito dos maestros, instrumentistas ou arranjadores.

Quando produziram os primeiros discos brasileiros voltados para a canção de consumo, nas décadas de 1920 e 1930, as gravadoras contavam sempre com pequenas orquestras, dirigidas por bons maestros, que garantiam o acompanhamento instrumental adequado ao gênero (samba, marcha, maxixe etc.) em cada registro fonográfico. Desde essa época já havia uma espécie de consciência tácita de que a composição original

2. Robert Jourdain, *Música, Cérebro e Êxtase...*, p. 328.

O SIGNIFICADO DE CANTAR NA ENUNCIAÇÃO MUSICAL

deveria ser elaborada por um "cancionista" (des)especializado, ou seja, com vocação para criar correspondências líricas, dramáticas ou cômicas entre contornos melódicos e frases verbais, embora esse artista quase sempre desconhecesse as regras da teoria musical e mal dominasse a gramática da própria língua. Nada disso o impedia de compor suas canções a partir de poucos acordes produzidos ao violão ou ao piano ou mesmo cantando *a cappella*, às vezes ainda ao ritmo de um pandeiro ou de uma caixa de fósforos. Só depois essas composições "rústicas" passavam pelas mãos dos maestros que as retocavam aqui e ali, elaboravam um arranjo orquestral e regiam as execuções dentro dos estúdios de gravação. Se a criação de tais obras dependesse da boa formação musical, por que então seus produtores não as deixavam a cargo dos próprios maestros ou de seus instrumentistas?

Acontece que a canção surgida com o fonógrafo inaugurou um processo semiótico que mantém bons diálogos com as linguagens musical e literária, mas atinge áreas de conteúdo jamais por elas frequentadas. Desde o modo de composição e acompanhamento instrumental até as fases de interpretação, gravação e veiculação, tudo no mundo da canção segue outros parâmetros de feitura em extrema sintonia com a grande massa de ouvintes que já nasceu na era do rádio, passou pela hegemonia da televisão e hoje vive mergulhada nas redes sociais da internet e nos seus *sites* difusores de músicas e vídeos.

O núcleo de identidade de uma canção está sempre no encontro dos elementos melódicos e linguísticos emitidos pela voz. Interessante observar que as editoras e associações responsáveis pela arrecadação de direitos autorais dos seus compositores foram as primeiras a reconhecer, bem antes dos mu-

ESTIMAR CANÇÕES

sicólogos, literatos e pensadores da comunicação, que o foco da criação cancional está nesses dois componentes essenciais inscritos em seus arquivos, às vezes apenas pelo título da obra. Ninguém tenta registrar uma sequência harmônica de acordes, uma batida rítmica, uma introdução ou um interlúdio instrumental, até mesmo por serem raras nesse domínio as transcrições em partitura.

Não se pode negar, além disso, que a melodia composta previamente seja o modelo de criação mais habitual entre os cancionistas, já que o modo de dizer é quase sempre decisivo para se achar o que dizer (o tema da letra). Salvo casos esporádicos, no universo da canção não se parte de libretos, de poesias nem de assuntos predeterminados. Inicia-se com fragmentos melódicos que vão se fixando em geral (não necessariamente) sobre uma base harmônica e, aos poucos, sugerindo frases verbais, muitas vezes desconexas entre si, mas sempre adequadas às inflexões do canto; na última etapa do trabalho, os autores se dedicam a dar maior ou menor coerência interna ao texto e à configuração mais detalhada do tema. Nos casos em que se parte de uma letra pronta, basta inverter o processo. Ao repeti-la muitas vezes, o compositor acaba encontrando maneiras melódicas de dizer cada frase e de juntá-las numa sucessão contínua que possa ser cantarolada mesmo sem o apoio das palavras.

De todo modo, quando os segmentos melódicos integram--se às frases e expressões linguísticas surgem as já comentadas "unidades entoativas", as grandes responsáveis por transferir as obras do mundo musical para o mundo cancional. Todas as culturas reconhecem que suas canções são maneiras de dizer alguma coisa, atuando na vida comunitária como qualquer discurso coloquial que conta com frases entoadas para dar expressão às conversas cotidianas. Tal reconhecimento, porém, limita-se às finalizações melódicas, os chamados *tonemas*, que indicam asserção, continuidade, interrogação, suspensão discursiva etc., tais como ocorrem nas inflexões entoativas das falas espontâneas.

De fato, é comum que haja semelhanças de contorno entre os finais das frases melódicas das canções e os tonemas de nossa linguagem cotidiana, mas isso é apenas o sinal mais óbvio de que existe uma correlação inegável entre música vocal e fala. Mais difícil de identificar é a transformação da curva melódica em curva entoativa toda vez que um segmento musical é recortado por uma frase ou expressão linguística. Ao propor os seus versos para uma melodia já composta, o letrista não está apenas definindo um tema ou uma área de conteúdo para a obra, mas também convertendo melodias "neutras" em modos de dizer. Longe de ser mera imitação das modulações que acompanham a fala, esses modos são criados no momento em que o letrista estabelece o seu recorte linguístico do componente melódico ou, ao contrário, quando o melodista concebe suas inflexões para uma letra já feita. Surgem desses procedimentos as mencionadas unidades entoativas, sempre acompanhadas de suas principais características: são inusitadas e, ao mesmo tempo, plausíveis.

Isso equivale a dizer que as canções não imitam a fala cotidiana, mas criam-na a cada nova composição. Servindo-se de tessitura sonora bem mais extensa que a da linguagem oral, os cancionistas podem propor incontáveis tipos de relação entre melodia e letra nas regiões grave, média e aguda, realizando passagens gradativas ou movimentos bruscos (conhecidos como saltos intervalares) entre elas, assim como podem insistir durante

ESTIMAR CANÇÕES

certo tempo numa única nota ou numa oscilação mínima entre duas notas com intervalos de dois tons, um tom ou até semitom. Na verdade, inventam modos de dizer até então desconhecidos, visto que versos particulares combinados com inflexões melódicas igualmente específicas num determinado contexto cancional soam sempre como algo inédito.

O grau de plausibilidade é mais difícil de verificar. Depende do consenso entre os falantes de uma dada língua a respeito dos traços fundamentais que tipificam os contornos entoativos de sua linguagem oral. Muito além das simples finalizações melódicas das frases indicando afirmação, interrogação etc., há uma variedade talvez incalculável de inflexões que poderia ser aceita pelo falante nativo, o que não significa que esse universo seja ilimitado. Algumas experiências no campo erudito com vozes atuando como instrumento já demonstraram que esse timbre pode ter função exclusivamente musical sem qualquer remissão à sua naturalidade prosódica. Mas quase tudo que ouvimos no mundo pop internacional ou nas canções ocidentais representativas de comunidades locais traz a chancela das entoações possíveis que podem até mesmo ser reconhecidas por falantes de outros idiomas, o que indica, aliás, que o citado consenso não se restringe aos limites linguísticos.

FIGURATIVIZAÇÃO E ILUSÃO ENUNCIATIVA

Podemos admitir com certa facilidade que uma canção como *Ob-la-di, Ob-la-da* (John Lennon e Paul McCartney) apresenta unidades entoativas típicas da enunciação oral em diversas línguas, com sua elevação no primeiro segmento e descenso no segundo:

O SIGNIFICADO DE CANTAR NA ENUNCIAÇÃO MUSICAL

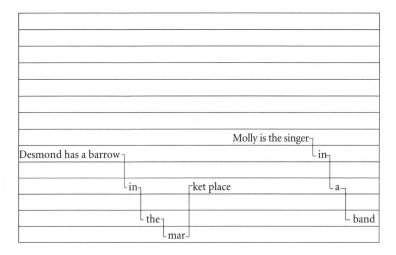

O modo pelo qual essas notas foram estabilizadas (musicalizadas) no contexto dessa canção para dizer as duas frases verbais é a contribuição inédita dos seus autores. No entanto, esses mesmos contornos poderiam ser propostos numa disposição mais dilatada ou mais comprimida no campo de tessitura (o que alteraria um pouco a linha da canto), poderiam ser emitidas em região mais aguda ou poderiam até se transformar em outros desenhos melódicos, mas conservando a oposição ascendência / descendência nas terminações, sem que isso prejudicasse o formato de enunciação asseverativa já assimilado pela maioria dos ouvintes. Em termos semióticos, admite-se diversas execuções substanciais (sonoras) para traduzir a mesma forma entoativa, nesse caso a oposição dos tonemas, e todas elas figurativizam a fala cotidiana, ou seja, colaboram para que as inflexões da voz possam ser consideradas plausíveis pelos usuários de uma língua natural.

As emissões emocionais anunciam com mais clareza a unidade entoativa por trás da linha melódica, mas nem sempre o letrista mantém a mesma intenção expressiva quando propõe seus versos para segmentos melódicos idênticos. Vejamos o início da canção *Oh! Darling*, dos mesmos autores:

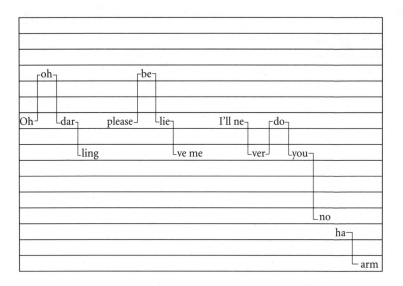

Para os dois primeiros segmentos melódicos, idênticos, em região médio-aguda, o letrista propôs uma expressão vocativa ("Oh darling") e outra de súplica ("Please, believe me"), ambas intensificando a relação enunciativa eu-tu. Tais contornos, fortemente emocionais, são figurativos não porque imitam um modo de dizer, mas sobretudo por apresentar uma combinação entre melodia e letra admissível no âmbito da linguagem oral em diversas comunidades linguísticas. Portanto, são ao mesmo tempo inéditos e plausíveis. O terceiro segmento ("I'll never do you no harm"), independente dos anteriores e com seu descenso acentuado, descreve uma asseveração categórica que retrata a certeza do enunciador, condição frequentemente salientada nos estudos entoativos.

A segunda estrofe dessa canção é criada sobre a mesma melodia da primeira, mas o letrista não mantém idênticas as unidades entoativas. Pela ação da letra, o segundo segmento ("if you leave me") manifesta um elo hipotético com o terceiro ("I'll never make it alone"), o que acaba interferindo na apreensão sonora, especialmente dos ouvintes de língua inglesa:

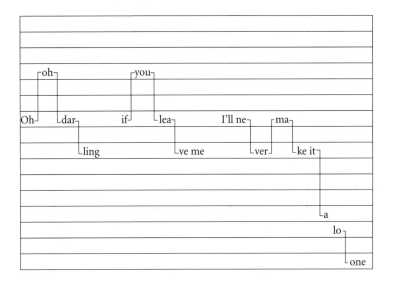

O segundo segmento que, na primeira estrofe, reforçava o vocativo com sua súplica independente, agora é ouvido como inflexão inicial de uma unidade entoativa mais ampla: "If you leave me I'll never make it alone". Imediatamente, o contorno do segundo segmento, embora possa ser ouvido ainda como repetição literal de sua função anterior (súplica), adquire também papel incoativo, ou seja, de modulação que prepara a queda contundente do segmento posterior, este sim idêntico ao da primeira estrofe. Dependendo do recorte linguístico elaborado pelo letrista temos diferentes in-

ESTIMAR CANÇÕES

tenções entoativas para a mesma melodia musical. Essa nos parece ser a chave para distinguirmos as particularidades da linguagem cancional: a melodia da canção midiática traz sempre intenções entoativas, em geral perfeitamente captadas pelo ouvinte comum.

O papel técnico da base harmônica na composição melódica também é inegável. Normalmente, os melodistas experimentam suas frases vocais sustentando-as com sequências de acordes executadas no instrumento. Mas a harmonia não define as unidades entoativas que serão captadas pelo ouvinte. Estas só aparecem com as divisões do contínuo estabelecidas pela letra. A célebre canção de Geoge Harrison, *Something*, traz em seu início uma melodia claramente apoiada na condução harmônica. Sua primeira frase melódica reforça a tonalidade tocando a oitava de dó maior (c), para, ao final, descer apenas meio tom (SI), e se acomodar na sétima maior do mesmo acorde (c7m): "Something in the way she moves". Essa nota, por sua vez, constitui apenas uma passagem musical para o descenso de mais meio tom (SIb) que dará início à frase seguinte, "Attracts me like…", já sustentada pelo mesmo acorde de dó, agora com a função de dominante individual (c7) que concluirá em fá maior (f):

			o	
DÓ	Something in the way she		no	ther lo
SI	moves			
SIb		Attracts me like		
				ver

O SIGNIFICADO DE CANTAR NA ENUNCIAÇÃO MUSICAL

Tais observações musicológicas pouco interessam aos seguidores dos Beatles que, ouvindo sempre a melodia com a letra, depreendem de imediato as duas unidades entoativas transcritas acima. Na realidade, duas asseverações com curvas e ênfases totalmente distintas, mas ambas convincentes em seus contextos cancionais. A primeira ("Something in the way she moves") figurativiza uma afirmação hesitante que, justamente por isso, declina apenas meio tom: afinal, o enunciador diz que há alguma coisa atraente no modo como sua amada se movimenta, mas não sabe o quê. A segunda ("Attracts me like no other lover") realiza uma elevação cujo intuito é ampliar a queda final e afastar qualquer traço de indecisão: o enunciador não tem dúvida quanto à atração exercida por esse amor. Trata-se de combinação entoativa inventada pelo autor, cujos contornos provocam o que vimos chamando de "ilusão enunciativa"[3].

Em outras palavras, temos duas formas de conceber a figurativização no âmbito da semiótica. A mais conhecida e sistematizada pelos teóricos da linguagem é aquela que, por meio de manobras enunciativas, acompanha a trajetória da debreagem discursiva até a recriação, no interior dos textos, dos objetos do "mundo natural", do "senso comum" ou mesmo de "situação real", os quais respondem pelos efeitos de "ilusão referencial" descritos por Roland Barthes. Mas há também outro modo de se criar referências e, portanto, de "sair do universo fechado da linguagem"[4], seguindo os processos de embreagem discursiva até atingir a instância do sujeito enunciativo ou pelo menos o simulacro dela. Tal caso de figurativização, menos frequente nos discursos literários, foi pouco estudado pela semiótica, o que não

---

3. Algirdas Julien Greimas & J. Courtés, *Dicionário de Semiótica*, p. 161.
4. *Idem, ibidem.*

ESTIMAR CANÇÕES

impediu que seus efeitos fossem reconhecidos pelos autores do dicionário como causadores da mencionada ilusão enunciativa.

Pelo fato de dispor de um componente melódico que, em atuação conjunta com o componente linguístico, se transforma constantemente em unidades entoativas, a linguagem da canção tem como um de seus principais recursos produzir ilusões enunciativas, ou seja, manifestar um conteúdo visceralmente associado a um modo de dizer particular articulado pela voz do intérprete. Somente quando se definem as intenções entoativas de uma canção podemos dizer que obtivemos um grau relevante de compatibilidade entre melodia e letra. Esse grau tende a aumentar quando, além disso, os compositores criam letras atributivas, que se concentram na celebração de alguém ou de algo, para melodias aceleradas e baseadas na recorrência de seus motivos internos; ou, ao contrário, letras lamentosas, que tratam de perdas e sofrimentos, para melodias desaceleradas e marcadas por ampla exploração do campo de tessitura. São esses os respectivos processos de *tematização* (ou concentração) e *passionalização* (ou expansão) que já comentamos anteriormente[5].

VOLTANDO À BOSSA NOVA E AO RAP

Verdadeira fábrica de produção de figuras enunciativas, a canção midiática oscila entre diluir um pouco a ação dessas figuras em prol do tratamento musical ou tonificá-las ainda mais para valorizar as mensagens da letra. Mas nunca deixa de produzi-las.

É comum que canções com melodias altamente expressivas recebam letras despojadas, circunscrevendo conteúdos de fácil

---

5. Para um estudo mais detalhado desses processos, ver Luiz Tatit & Ivã Carlos Lopes, *Elos de Melodia e Letra*, pp. 17-26.

assimilação, que, por isso mesmo, transmitem perfeita adequação às inflexões do canto. Basta que mantenham, por exemplo, um tom lírico e um tema de fundo identificado com o apego amoroso para que as curvas melódicas possam expor e acentuar aqui e ali os sentimentos decorrentes desse estado subjetivo. *Something*, já comentada, ilustra bem esse caso, mas, evidentemente, podemos ter letras menos delicadas, até dramáticas, com seus conteúdos também valorizados pelos contornos musicais. O repertório de intérpretes consagradíssimos da canção norte-americana (Billie Holiday, Ella Fitzgerald, Frank Sinatra etc.) apresenta inúmeras canções com essas características: intensidade melódica, simplicidade linguística, sempre com ampla integração desses dois componentes na voz do cantor, da qual emergem linhas entoativas bastante verossímeis para o público em geral. Esse refinamento musical nada tem a ver, portanto, com o padrão "elevado" da música vocal erudita que, como vimos, não tem como meta a formação de figuras enunciativas aceitáveis.

Nessa linha de ampla elaboração musical (especialmente do ponto de vista harmônico) do componente melódico e de atuação pouco enfática do componente linguístico, temos o exemplo da bossa nova. Concebida por compositores interessados em modificar o padrão lento, romântico e popularesco que definia a canção de rádio dos anos 1950, a bossa nova, assim como algumas vertentes do cool jazz norte-americano, introduziu dissonâncias no acompanhamento instrumental e ainda remodelou os pontos de acentuação do samba, valorizando os contratempos e exigindo maior habilidade rítmica dos cantores. Em casos-limite, como já vimos, alguns intérpretes chegaram a substituir a letra por simples vocalise, visto que o interesse estava na condução rítmico-harmônica da peça. Era a voz atuando como naipe instrumental,

ESTIMAR CANÇÕES

sem qualquer vínculo com os conteúdos da língua materna, o que, em última instância, significava um abandono da linguagem cancional. Mas a experiência não prosperou entre os principais ícones da bossa nova. Pelo contrário, compositores centrais do movimento, como Tom Jobim e Carlos Lyra, uniram-se a Vinicius de Moraes, poeta consagrado que àquela altura queria se dedicar às letras de canção, e estabeleceram o tom lírico-amoroso comedido, leve e otimista como uma espécie de critério para se compor versos adequados à linha melódica na nova produção.

Outros letristas que orbitavam em torno de João Gilberto, o principal intérprete do movimento, e dos compositores citados optaram, como já vimos (p. 111), pela "infantilização" das letras, ou seja, o uso generalizado de diminutivos e onomatopeias retratando situações delicadas, ingenuamente amorosas, todas obedecendo ao princípio temático adotado pelo grande cantor: o amor, o sorriso e a flor. Os títulos de boa parte das canções dessa época já indicam a tendência: *Trenzinho* (Lauro Maria), *Amor Certinho* (Roberto Guimarães), *Presente de Natal* (Nelcy Noronha), *Bim Bom* (João Gilberto), *Lobo Bobo* (Carlos Lyra / Ronaldo Bôscoli), *O Barquinho* (Roberto Menescal / Ronaldo Bôscoli), *Ho-bá-lá-lá* (João Gilberto), *O Pato* (Jayme Silva / Neuza Teixeira) e *Bolinha de Papel* (Geraldo Pereira).

Mais do que conquistar um modelo lírico e aparentemente ingênuo de letra, os bossa-novistas precisavam de frases verbais que se integrassem à melodia sem lhe subtrair a atenção do ouvinte. Precisavam de letras com significação mitigada, apenas para bendizer alguma coisa que justificasse as entoações do intérprete. Mesmo os pesares subjetivos eram tratados com muita delicadeza para evitar sinais de drama ou de exagero sentimental. Essa estratégia de atonização da letra foi bem mais útil e fecunda para o progresso do gênero brasileiro do que as experiências precipitadas de abandono do componente linguístico. Foi o que permitiu que os artistas se mantivessem no domínio da canção ainda que visitando constantemente suas fronteiras com a linguagem musical.

Não é difícil observar, e já o fizemos atrás (pp. 113-114), que a criação de letras substanciosas, em especial as que pretendem veicular mensagens ideológicas, sociais, políticas, ou mesmo fazer denúncias pontuais, encontra boa sintonia com linhas melódicas pouco variadas e com harmonizações mais simples. Isso pode ser constatado tanto nas canções de Georges Brassens como na célebre *Imagine*, de John Lennon, ou na engajadíssima *Para Não Dizer Que Não Falei Das Flores*, de Geraldo Vandré. Cria-se um padrão melódico, normalmente sustentado pelos mesmos acordes, para a evolução dos versos e ampliação do conteúdo da letra sem muita alteração de suas unidades entoativas. Bob Dylan também se serve de poucos acordes, mas libera suas curvas melódicas ao sabor das intenções das frases linguísticas, como alguém que se entrega aos ímpetos da fala cotidiana. Em todo caso, o aumento da densidade linguística parece baixar imediatamente a relevância dos recursos musicais. É como se a canção se afastasse dos limites da experiência musical para se aproximar das fronteiras com a fala.

Essa tendência tornou-se bem mais acentuada com a influência do rap norte-americano em diversas culturas ocidentais. O caráter *rhythm and poetry* do gênero já tem como princípio a desativação de alguns parâmetros musicais, particularmente as alturas estabilizadas da linha do canto e o apoio harmônico do acompanhamento, para favorecer a figurativização enunciativa da obra e, por conseguinte, a densificação do conteúdo linguístico. Afinal, é no âmbito da oralidade,

ESTIMAR CANÇÕES

desprovida de amparo musical, que podemos versar sobre todos os assuntos possíveis.

Acontece, porém, que para se manter no âmbito da linguagem cancional, o rap não pode prescindir dos recursos musicais em sua totalidade: a base percussiva é sua principal referência de estabilização, reforçada por *riffs* melódicos de algum instrumento. Surgem daí modos de dizer, também musicalizados por rimas e aliterações de todo tipo, que não se confundem com frases espontâneas da linguagem oral (basta compará-los com discursos paralelos, esses sim em língua natural, frequentemente proferidos pelos MCs durante a execução ao vivo de determinadas canções). A semelhança aparente é um efeito do processo de figurativização enunciativa que, no rap, se intensifica com a imprecisão das alturas do canto e, na maioria das vezes, com a supressão da harmonia. De todo modo, o rap só deixaria de ser canção no sentido pleno da palavra se desaparecessem por completo as suas marcas de musicalização, fenômeno que ainda não ocorreu na história do gênero.

Como já vimos no quarto capítulo, o rap e a bossa nova são exemplos de formas cancionais de fronteira. Se o primeiro desativa diversos parâmetros musicais para melhor se aproximar da linguagem oral, o gênero brasileiro dilui a densidade conteudista da letra para se aproximar da linguagem musical. Ambos, porém, evitam ultrapassar os limites da linguagem cancional. Ambos constituem modos de dizer produzidos pelo encontro entre melodia e letra e dependentes da voz de um intérprete. Os recursos adotados pelo rap visam a tonificar as mensagens da letra, para desencadear seus protestos, denúncias e revelações. A conduta da bossa nova, ao contrário, requer uma letra menos intensa para justamente fortalecer as emoções líricas e delicadas inscritas na melodia delineada pela voz.

PARA CONCLUIR

Admitindo-se a definição aqui exposta, dois extremos podem ser concebidos como limites do cancional. Um reside na exacerbação da "força entoativa", da intencionalidade do dizer, em detrimento da estruturação musical; o que levaria, em última instância, à palavra falada enquanto tal, sem música. O limite oposto seria aquele em que a "forma musical" se vê promovida à condição de valor, mais do que preponderante, exclusivo: a "mensagem" da letra, desprezada, cederia então lugar à livre exploração rítmica, harmônica, timbrística etc., numa peça musical e não mais numa canção. Nos arredores dessas extremidades, situam-se inúmeras canções que pendem ora para a valorização da letra, podendo às vezes dispensar um tratamento sumário à sua face musical (cf. várias composições de Lou Reed), ora, inversamente, para a valorização musical em primeiro lugar, atribuindo pouca importância "àquilo que se diz". Naturalmente, essa valorização do musical assume uma pluralidade de formas. Pensemos em canções dançantes (um caso universalmente conhecido é o da canção *Pata Pata*, cantada por Miriam Makeba em língua *xhosa* e cultuada nos quatro cantos do planeta por ouvintes que nunca entenderam nada da letra). Ou em uma peça como *Eight Days a Week* (Lennon & McCartney), que, se conheceu bastante sucesso, certamente não foi em função de uma letra especialmente notável. Ainda nessa região de ênfase no musical, há os que preferem brincar justamente com a área fronteiriça entre o que ainda é canção e o que já não é, como faz Clark Terry na famosa *Mumbles* (1966), que acabaria sendo amplamente difundida por Oscar Peterson: o intérprete profere uma "letra", a meio caminho entre algo que soa como uma vaga língua inglesa e um *scat*

ESTIMAR CANÇÕES

singing desprovido de texto verbal. Aliás, na década de 1940, os ouvintes norte-americanos ouviam as canções interpretadas por Carmen Miranda justamente como uma modalidade desse mesmo *scat singing* utilizado no jazz. Como não entendiam o português, admiravam a inacreditável celeridade com que a cantora pronunciava as sílabas das letras, certos de que aquelas palavras não tinham nenhum significado[6]. Em todo caso, só o que não se permite é a extinção completa de um desses elementos, quer o musical, quer o linguístico, sob pena de se abandonar o território cancional para percorrer os domínios circunvizinhos.

Existe portanto uma dependência necessária desses dois polos dentro da canção. Como o intervalo de imbricação letra-música é um *continuum*, há espaço para apreciações mais acolhedoras ou mais excludentes em seu interior. Isso se pode notar em qualquer das fases da enunciação cancional. Assim, alguns excluem o rap do mundo da canção, por considerá-lo insuficientemente musical – estamos falando da composição. Mas esses julgamentos também podem vir a incidir sobre a interpretação: uma peça como *Les Feuilles Mortes / Autumn Leaves* (Prévert e Kosma, versão inglesa de J. Mercer) que, tornada célebre na voz de Yves Montand, poderia figurar quase como protótipo da canção passional, ao ser executada por Bobby McFerrin acompanhado ao piano por Chick Corea converte-se em tal demonstração de virtuosismo musical que a letra acaba ficando relegada a um plano completamente secundário; fosse ela, ali, substituída por palavras aleatórias, a performance ainda conservaria o essencial de seu brilho. Na direção inversa, quando Caetano Veloso regrava *Help*, dos Beatles – acompanhando-se apenas ao violão acústico,

6. Ruy Castro, *Carmen*, p. 313.

numa interpretação desacelerada, sua voz sem grandiloquência situada num registro bem próximo ao da fala corriqueira –, o "recado" da letra ganha um relevo antes insuspeitado. Bastaria puxar um pouco pela memória e encontraríamos uma quantidade de exemplos.

Numa entrevista em 1959 à revista *Radiolândia*, sobre sua maneira única de cantar, respondeu o jovem João Gilberto:

> Apenas procuro cantar sem prejudicar o sentido poético e musical das canções. É assim como tirar os excessos, seguir o curso natural das coisas, dar as notas de um jeito tal que não prejudique o sentido da poesia, frisar aquelas palavras que têm a força poética. Tudo isso de modo a não deixar o ouvinte desinteressar-se pelo sentido daquilo que se canta[7].

Naturalmente, esse tipo de depoimento pessoal deve ser situado em seu ambiente cultural, histórico, estético; decorrido, porém, mais de meio século desde então, é difícil resumir de modo tão claro, em duas palavrinhas, os ingredientes e sobretudo os desafios do canto no território do cancional. Nossa exploração, aqui, do sentido produzido pela íntima união do musical e do linguístico nesse mesmo território, é uma tentativa de desdobramento dessas intuições, tão precisas, do grande cantor baiano.

---

7. Walter Garcia (org.), *João Gilberto*, pp. 25-26.

EPÍLOGO

Se as estimativas íntimas estão presentes em nossos atos cotidianos de construção do sentido é previsível que compareçam também nas indagações, avaliações e propostas teóricas que formulamos sobre o universo semiótico dos seres humanos. Vimos, por exemplo, que os conceitos narrativos estão impregnados de perdas, aquisições, prazeres, sofrimentos, excessos e faltas, cujas medidas são sempre muito bem estimadas pelos atores que praticam ou deixam de praticar suas ações. As línguas naturais possuem verdadeiros sistemas que permitem manifestar graus mínimos de maior ou menor apreciação (ou depreciação) dos conteúdos culturais ou psíquicos. Do irrisório (grau tão baixo que não vem ao caso) ao exorbitante (grau tão alto que sai de órbita) – e vice-versa –, conseguimos palmilhar uma trajetória riquíssima em etapas intermediárias, tais como: "irrelevante", "não é tão mal", "até que serve", "considerável", "bem relevante", "excepcional", *hors-concours* etc. Essas intensificações (para mais ou para menos) acabam influindo na própria configuração dos modelos descritivos e, por conseguinte, em nossa capacidade de compreensão do funcionamento das linguagens verbais ou não-verbais.

No campo da canção, vínhamos estudando em diversos trabalhos as oscilações de dominância entre concentração temática e expansão passional no universo das composições brasileiras. Aprofundamos esse estudo no segundo capítulo deste volume, mostrando que o aumento dos processos involutivos de concentração melódica (tematização e refrão) convive sempre com certa dosagem de evolução, assegurada por desdobramentos motívicos e pela existência de outras partes (B, C, D...) que abandonam temporariamente o refrão. Ou seja, mesmo quando há ênfase na identidade entre os temas melódicos, aparecem traços de alteridade cuja função é a de permitir que a letra também trate de disjunções ou impasses sem perder sua compatibilidade com a melodia. Por outro lado, o aumento da expansão melódica (saltos intervalares e transposição de registro), próprio da evolução passional, muitas vezes tem o seu ímpeto descontínuo freado pelo movimento passo a passo das notas em suas escalas ou das gradações ascendentes e descendentes que conduzem os motivos musicais, como se a alteridade melódica, compatível com a "busca do outro" retratada nas letras, já trouxesse traços de identidade ou de previsibilidade que se coadunam com os encontros da narrativa.

Em outras palavras, conforme nos esclarece o quadro à página 57, o que é central na concentração (tematização e/ou refrão), especialmente a identidade melódica entre os segmentos, corresponde ao que é complementar na expansão (gradação entre notas e/ou motivos). Ainda que o processo de concentração transcorra em contexto acelerado, com reiterações na mesma região de tessitura, e a expansão preveja desaceleração do andamento e evolução das recorrências para o agudo ou para o grave, a forma-

EPÍLOGO

ção de identidades melódicas está presente nas duas tendências, o que muitas vezes confunde o analista. O mesmo fenômeno reaparece no âmbito das alteridades melódicas: a descontinuidade típica na expansão passional do canto, ou seja, aquela que abandona o núcleo melódico e explora outras áreas de tessitura por meio de saltos intervalares e transposições de registro, encontra-se também nas práticas de desdobramento motívico e avanço para a segunda parte, recursos esses complementares no campo da concentração.

Ora, não é difícil deduzirmos que o uso predominante da tematização e do refrão concorre para *mais* concentração melódica, enquanto a presença quase necessária do desdobramento e da segunda parte contribui para *menos*. Tais considerações servem igualmente para o processo de expansão melódica. Os seus recursos centrais e complementares respondem respectivamente por *mais* ou *menos* passionalização. Em outros termos, fazem parte das grandes tendências melódicas (concentração e expansão) tanto o aumento de suas funções básicas pelo emprego dos chamados recursos centrais, como a diminuição dessas mesmas funções pela ação dos recursos complementares. E, de acordo com os critérios de identidade (continuidade, conjunção, reiteração) e alteridade (descontinuidade, disjunção, transformação), transcritos no quadro da p. 57, utilizar recursos complementares de uma das tendências significa quase sempre acenar para os recursos centrais da outra.

Ao compreender melhor o entrosamento entre essas duas tendências melódicas, bem como suas sutis variações de aumento (*mais*) e diminuição (*menos*) no campo das predominâncias, o analista poderá transcender o ímpeto de classificação sumária das canções. Com exceção dos exemplos didáticos, úteis para o reconhecimento das categorias básicas que definem essa linguagem artística, quase nunca temos composições exclusivamente "temáticas" (ou de concentração) nem exclusivamente "passionais" (ou de expansão). O declínio provocado pelos traços complementares de uma tendência é o melhor indício de que pode estar em crescimento a tendência oposta. Se forem observadas todas essas nuances do componente melódico, teremos elementos mais consistentes para avaliar o seu grau de compatibilidade com os argumentos da letra.

Mas a principal oscilação examinada nestes capítulos é a que conjuga música e fala no universo da canção. É a que dosa o processo de figurativização do canto nos itinerários melódicos calibrados pelas leis musicais. Figurativização, como vimos, significa criar contornos vocais ao mesmo tempo inusitados e plausíveis dentro do contexto sonoro de uma canção específica; significa criar efeitos de locução a partir de letras que segmentam o *continuum* melódico convertendo--o em unidades entoativas, em modos de dizer reconhecíveis pelos ouvintes; significa, enfim, produzir a ilusão enunciativa sem a qual a canção viraria uma proposta puramente musical.

O cancionista pode aumentar ou diminuir a produção de figuras locutivas, mas não pode suprimi-la, a menos que elimine também a participação da letra, componente tão central na linguagem quanto a melodia. As experiências com vocalise podem expor a virtuosidade do intérprete, mas, para o mundo cancional, não passam de exercícios de canto[1]. É o caso da musicalização "excessiva" examinado no quarto capítulo. Mesmo quando o interesse pelo fenômeno sonoro é bem maior do que a necessidade de dizer algo pela via oral, os cancionistas sabem que não podem

---

1. O que não impede que uma música vocal sem palavras possa eventualmente fazer grande sucesso nos meios de comunicação, até por sua estranheza cancional. Mas provavelmente será um caso isolado com pouca influência no repertório geral dessa linguagem.

EPÍLOGO

simplesmente desprezar a letra. Mas podem encontrar soluções que diminuam o seu peso conteudístico na versão final da obra. Uma delas tem sido o aproveitamento máximo da sonoridade fonética das palavras em detrimento de sua função narrativa ou argumentativa. A bossa nova, por sua vez, visando o mesmo esvaziamento semântico, optou por temas amorosos desdramatizados e até, em alguns casos, por um discurso infantilizado.

Ou seja, por mais que invistam na musicalização, os autores precisam de algum grau de figurativização para que a linguagem cancional funcione em sua plenitude. O reconhecimento natural (involuntário) das entoações subjacentes às melodias e das figuras enunciativas é o pré-requisito básico para a apreciação direta das canções, a única que nos interessa por não trazer os vícios das técnicas musicais ou literárias que geralmente comprometem as escutas críticas. Entretanto, esse processo de figurativização pode se tornar mais intenso, como nos casos das canções de grande sucesso midiático, e atingir limites que algumas décadas atrás eram considerados totalmente improváveis. É o caso da canção-rap cujas execuções beiram às vezes os pronunciamentos linguísticos.

O "excesso" (sempre entre aspas) de figurativização também abala os alicerces da linguagem cancional. Não é à toa que os *rappers* se cercam de recursos percussivos e *riffs* melódicos que lhes garantem um mínimo de estabilidade musical sem retirar o foco do conteúdo das letras. Mesmo assim, não é raro ouvirmos de músicos, musicólogos e pesquisadores que o rap já não é mais canção pelo fato de abandonar alguns de seus parâmetros musicais (a harmonia, por exemplo). Ora, o coeficiente de música e fala nas canções é variável e decorre diretamente do encontro da melodia (que pode ser a entoação pura) com a letra. Quanto mais instabilidade das alturas e dos padrões rítmicos do canto, mais depreendemos a força da oralização. Quanto mais estabilidade desses mesmos parâmetros, mais ouvimos a forma da musicalização.

A maioria absoluta das canções midiáticas apresenta um "cálculo" comedido dos recursos que organizam sua sonoridade. Há sempre musicalização contracenando com oralização. Há sempre concentração misturada com expansão. No entanto, o recrudescimento eventual de exploração de seus limites são úteis para a evolução da linguagem e para a caracterização hegemônica de movimentos, gêneros, modas e estilos. O aumento da musicalização foi essencial para a implantação da bossa nova, assim como o aumento da oralização tem servido para a consolidação do rap. A prevalência da expansão passional esteve na base tanto do samba-canção como da música sertaneja. A ênfase na concentração temática já produziu marchinhas e sambas carnavalescos, rocks de refrão, música axé e outras tendências que se apoiam em batidas rítmicas dançantes. É interessante notar que mesmo nos casos-limite de aproveitamento intensivo de uma das quatro instâncias cancionais (cf. figura abaixo), algo das demais precisa ser conservado para que tenhamos a sensação de que lidamos com canções. É o que nos leva o tempo todo a estimá-las.

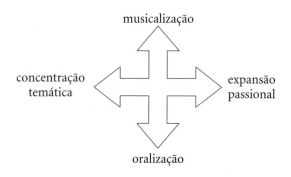

Campo de Oscilação Cancional.

REFERÊNCIAS BIBLIOGRÁFICAS

ANDRADE, Mário de. *Aspectos da Música Brasileira*. São Paulo, Livraria Martins, 1965.

_____. *Poesias Completas*. São Paulo, Livraria Martins; Brasília, Instituto Nacional do Livro/MEC, 1972.

BENVENISTE, Émile. *Problemas de Linguística Geral*. Trad. Maria da Glória Novak e Luíza Neri. São Paulo, Edusp, 1976.

BOTEZELLI, J. C. Pelão & PEREIRA, Arley. *A Música Brasileira deste Século por seus Autores e Intérpretes – 3*. São Paulo, Sesc, 2000.

_____. *A Música Brasileira deste Século por seus Autores e Intérpretes – 4*. São Paulo, Sesc, 2001.

_____. *A Música Brasileira deste Século por seus Autores e Intérpretes – 6*. São Paulo, Sesc, 2002.

BRELET, Gisèle. *Le Temps Musical: Essai d'une Esthétique Nouvelle de la Musique*. Paris, PUF, 1949.

CASTRO, Ruy. *Carmen*. São Paulo, Companhia das Letras, 2005.

CHOUARD, Claude-Henri. *L'Oreille Musicienne: Les Chemins de la Musique de L'oreille au Cerveau*. Paris, Gallimard, 2001.

FIORIN, José Luiz. *As Astúcias da Enunciação*. São Paulo, Ática, 1996.

FONTANILLE, Jacques & ZILBERBERG, Claude. *Tensão e Significação*. São Paulo, Discurso Editorial/Humanitas, 2001.

ESTIMAR CANÇÕES

FONTELES, Bené. *Giluminoso: A Po.Ética do Ser*. Brasília/São Paulo, Ed. Universidade de Brasília/Sesc, 1999.

GARCIA, Walter (org.). *João Gilberto*. São Paulo, Cosac Naify, 2012.

GREIMAS, Algirdas Julien. *Sémantique Structurale*. Paris, Larousse, 1966.

_____. *Da Imperfeição*. Trad. Ana Cláudia de Oliveira. São Paulo, Hacker Editores, 2002.

_____. & COURTÉS, J. *Dicionário de Semiótica*. Trad. Alceu Dias Lima *et alii*. São Paulo, Contexto, 2008.

_____. *Semiótica das Paixões*. Trad. Maria José Rodrigues Coracini. São Paulo, Ática, 1993.

HANSLICK, Eduard. *Do Belo Musical: Uma Contribuição para a Revisão da Estética Musical*. Trad. Nicolino Simone Neto. Campinas, Unicamp, 1989.

HARDY, Christophe. *Les Mots de la Musique*. Paris, Belin, 2007.

JOURDAIN, Robert. *Música, Cérebro e Êxtase: Como a Música Captura nossa Imaginação*. Rio de Janeiro, Objetiva, 1998.

KIEFER, Bruno. *Elementos da Linguagem Musical*. 2ª edição. Porto Alegre, Movimento e I.N.L.-MEC, 1973.

MELLO, José Eduardo Homem de. *Música Popular Brasileira: Entrevistas*. São Paulo, Melhoramentos e Edusp, 1976.

MORAES, Vinicius de. *Samba Falado: Crônicas Musicais*. Organização Jost Miguel, Sérgio Cohn, Simone Campos. Rio de Janeiro, Beco do Azougue, 2008.

MOTTA, Nelson. *Vale Tudo: O Som e a Fúria de Tim Maia*. Rio de Janeiro, Objetiva, 1979.

NOVA História da Música Popular Brasileira. São Paulo, Abril Cultural, 1979.

PALUMBO, Patrícia. *Vozes do Brasil – 1*. São Paulo, DBA Artes Gráficas, 2002.

_____. *Vozes do Brasil – 2*. São Paulo, DBA Artes Gráficas, 2007.

PASCAL, Blaise. "Pensamentos". *Os Pensadores*. Tradução de Sérgio Milliet. São Paulo, Abril Cultural, 1973.

POUND, Ezra. *ABC da Literatura*. Trad. Augusto de Campos e José Paulo Paes. São Paulo, Cultrix, 1973.

ROSA, João Guimarães. *Primeiras Estórias*. 4ª ed. Rio de Janeiro, José Olympio, 1968.

REFERÊNCIAS BIBLIOGRÁFICAS

Ross, Alex. *O Resto É Ruído: Escutando o Século xx*. Trad. Claudio Carina e Ivan Weisz Kuck. São Paulo, Companhia das Letras, 2009.

Rousseau, Jean-Jacques. "Ensaio Sobre a Origem das Línguas". In: *Os Pensadores*, XXIV. Trad. Lourdes Santos Machado. São Paulo, Abril Cultural, 1973.

Ruwet, Nicolas. *Langage, Musique, Poésie*. Paris, Seuil, 1972.

Saussure, Ferdinand. *Curso de Linguística Geral*. 3ª ed. Trad. Antonio Chelini, José Paulo Paes e Izidoro Blikstein. São Paulo, Cultrix, 1971.

Siqueira Junior, Carlos Leoni Rodrigues. *Letra, Música e Outras Conversas*. Rio de Janeiro, Gryphus, 1995.

Tatit, Luiz. *Semiótica da Canção: Melodia e Letra*. São Paulo, Escuta, 1994.

_____. *O Cancionista: Composição de Canções no Brasil*. São Paulo, Edusp, 1996.

_____. *Musicando a Semiótica: Ensaios*. São Paulo, AnnaBlume, 1997.

_____. *Semiótica à Luz de Guimarães Rosa*. Cotia (sp), Ateliê Editorial, 2010.

_____. & Lopes, Ivã Carlos. *Elos de Melodia e Letra*. Cotia (sp), Ateliê Editorial, 2008.

Valéry, Paul. *Cahiers*. Tome 1. coll. La Pléiade. Paris, Gallimard, 1973.

Zilberberg, Claude. *Essai sur les Modalités Tensives*. Amsterdam, John Benjamins B.V, 1981.

_____. "Presénce de Wölfflin". *Nouveaux Actes Sémiotiques*. 1992, 23--24.

_____. *Razão e Poética do Sentido*. Trad. Ivã Carlos Lopes, Luiz Tatit e Waldir Beividas. Cotia (sp), Ateliê Editorial, 2006.

_____. *Elementos de Semiótica Tensiva*. Trad. Ivã Carlos Lopes, Luiz Tatit e Waldir Beividas. Cotia (sp), Ateliê Editorial, 2011.

ÍNDICE ONOMÁSTICO

A

ALF, Johnny – 74, 88, 90, 91
AMADO, Jorge – 132
ANDRADE, Leny – 97
ANDRADE, Mário de – 30, 37, 83
ANTUNES, Arnaldo – 98
AURORA – 131

B

BABO, Lamartine – 110, 131
BACHELARD, Gaston – 14
BAEZ, Joan – 137
BARRO, João de – 92, 108, 131
BARTHES, Roland – 151
BATISTA, Wilson – 110
BEATLES – 151, 158
BEETHOVEN – 141
BEN JOR, Jorge – 51
BENVENISTE – 129
BERIO, Luciano – 46, 55
BETHÂNIA, Maria – 131
BILAC, Olavo – 30

BITTENCOURT, Renê – 97
BONFÁ, Luiz – 57, 88, 104
BONFÁ, Marcelo – 105
BÔSCOLI, Ronaldo – 121, 154
BOTEZELLI, J. C. Pelão – 65, 70, 109--110
BRAGA, Sônia – 132-133
BRAGUINHA – 108
BRANT, Fernando – 57, 119
BRASSENS, Georges – 155
BRELET, Gisèle – 114-116, 119
BUARQUE, Chico – 57, 118, 120, 126--127, 131, 137

C

CAMPOS, Augusto de – 63
CARDOSO, Fernando Henrique – 41
CARLOS, Roberto – 132
CARVALHO, Roberto de – 30
CASTRO, Ruy – 158
CAYMMI, Dorival – 58, 132
CHANCEL, Jules – 135

ESTIMAR CANÇÕES

CHEDIAK, Almir – 51
CHOUARD, Claude-Henri – 94
CÍCERO, Antonio – 28-29
COLI, Jorge – 25-26, 34
COREA, Chick – 158
COSTA, Gal – 132-133
COURTÉS, J. – 13, 24, 33, 129-130, 151

D

DIEGUES, Cacá – 131
DJAVAN – 58, 119
DONATO, João – 88-89, 92
DYLAN, Bob – 137, 155

E

EINHOM, Maurício – 97
ELIZETH – 73
ERASMO – 132

F

FARO, Fernando – 65
FERREIRA, Durval – 97
FIORIN, José Luiz – 128
FITZGERALD, Ella – 153
FONTANILLE, Jacques – 14-15
FONTELES, Bené – 83
FREDDY – 66, 68

G

GABRIEL, O Pensador – 52
GARCIA, Walter – 159
GARDEL, Carlos – 136
GIL, Gilberto – 56, 83, 89, 118, 129, 137
GILBERTO, Astrud – 73
GILBERTO, João – 90, 92, 95, 112, 154, 159
GISMONTI, Egberto – 93-95
GREIMAS, Algirdas Julien – 12-13, 15, 23-24, 27, 33, 129, 130, 151
GUIMARÃES, Roberto – 154

H

HANSLICK, Eduard – 97
HARRISON, Geoge – 150
HINDEMITH, Paul – 119
HOLIDAY, Billie – 134, 153

J

JANÁČEK, Leos – 124-125
JOBIM, Tom – 50-51, 56, 59, 85, 88, 90, 95-96, 112, 120, 154
JOURDAIN, Robert – 141-142

K

KIEFER, Bruno – 91
KOSMA – 158

L

LEÃO, Nara – 131, 137
LEE, Rita – 29-30, 86
LEGIÃO URBANA – 105
LENNON, John – 137, 146, 155, 157
LEONI – 104
LOBO, Edu – 85, 96, 137
LOBO, Fernando – 109
LOBO, Haroldo – 110
LOPES, Ivã Carlos – 18, 21, 59, 86, 136, 139, 152
LULA – 41
LYRA, Carlos – 88, 90, 95, 102, 121, 154

M

MAIA, Tim – 51
MAKEBA, Miriam – 157
MARCELO D2 – 48
MARIA, Ângela – 136
MARIA, Antônio – 57
MARIA, Lauro – 154
MCCARTNEY, Paul – 137, 146, 157
MCFERRIN, Bobby – 158

ÍNDICE ONOMÁSTICO

MEDALHA, Marilia – 137
MELLO, Zuza Homem de – 74
MENDONÇA, Newton – 112
MENESCAL, Roberto – 88, 154
MENEZES, Edson – 52, 103
MERCER, J. – 158
MILTINHO – 90
MIRANDA, Carmen – 131, 158
MONTAND, Yves – 158
MORAES, Vinicius de – 59, 73-76, 103, 120, 121, 154
MOTTA, Ed – 90
MOTTA, Nelson – 51

N
NASCIMENTO, Milton – 57, 119
NÁSSARA – 109
NESTROVSKI, Arthur – 97
NOITE ILUSTRADA – 68, 102
NORONHA, Nelcy – 154

O
OURO-PRETO, Ico – 105

P
PAES, Juliana – 133
PALUMBO, Patrícia – 84, 98, 133
PASCAL, Blaise – 37-38, 40
PASCHOAL, Hermeto – 95
PAZ, Alberto – 52, 103
PEIXOTO, Cauby – 136
PENINHA – 55
PEREIRA, Arley – 65, 70, 109
PEREIRA, Geraldo – 154
PETERSON, Oscar – 157
PIXINGUINHA – 92, 108, 110
PIZA, Daniel – 41-42
PLOUGASTEL, Yann – 135
POUND, Ezra – 34-35

POWELL, Baden – 75, 103
PRÉVERT – 158
PROPP, Vladimir – 13, 23-24

R
REED, Lou – 157
REGINA, Elis – 90
REI, Nando – 84
RIBEIRO, Alberto – 131
RIBEIRO, João Ubaldo – 30-31
RODRIGUES, Jair – 52, 103, 137
RODRIGUES, Lupicínio – 130, 133
ROSA, João Guimarães – 25, 27-28
ROSA, Noel – 76, 78, 80-81
ROSS, Alex – 124-125
RUSSO, Renato – 103-105
RUWET, Nicolas – 93

S
SANTOS, Adauto – 66-68, 72
SAUSSURE, Ferdinand de – 12
SCHŒNBERG, A. – 124
SCHUBERT, Franz – 97
SILVA, Jayme – 154
SILVEIRA, Jussara – 133-134
SIMONAL, Wilson – 90
SINATRA, Frank – 136, 153
SIQUEIRA JR., Carlos Leoni Rodrigues – 103
SOARES, Elza – 90-91
SOLEDADE, Paulo – 109
SOUSÂNDRADE – 63

T
TEIXEIRA, Neuza – 154
TERRY, Clark – 157

V
VADICO – 79, 81

ESTIMAR CANÇÕES

VALÉRY, Paul – 115
VANDRÉ, Geraldo – 137, 155
VANZOLINI, Paulo – 18, 65-69, 72, 102, 104
VELOSO, Caetano – 55, 59, 63, 86, 89, 119, 137, 158
VILLA-LOBOS, Dado – 103, 105
VIOLA, Paulinho da – 52, 67

W

WEBERN, Anton – 46
WISNIK, Zé Miguel – 97

Z

ZILBERBERG, Claude – 12, 14-16, 23, 26, 30, 36, 48, 70

Título	*Estimar Canções – Estimativas Íntimas na Formação do Sentido*
Autor	Luiz Tatit
Editor	Plinio Martins Filho
Produção editorial	Aline Sato
Capa	Camyle Cosentino
Revisão	Plinio Martins Filho
Editoração eletrônica	Camyle Cosentino
Formato	14×21 cm
Tipologia	Minion
Papel	Cartão Supremo 250 g/m^2 (capa)
	Chambril Avena 80 g/m^2 (miolo)
Número de páginas	176
Impressão e acabamento	Graphium